应用型本科院校"十二五"规划教材/经济管理类

Microeconomics Exercises

微观经济学习题集

主 编 刘 妍

副主编 武录齐 刘双双

哈爾濱工業大學出版社
HARBIN INSTITUTE OF TECHNOLOGY PRESS

内容简介

本习题集是与高景海和佟明亮主编的《微观经济学》(哈尔滨工业大学出版社)配套的教学参考书,旨在帮助学生理解微观经济学的基本原理,提高对这些原理的应用能力。

本习题集的分章与前述《微观经济学》教科书相同,各章均采用名词解释、判断题、选择题、简答题、计算题和论述题六种题型。同时,本书提供了详尽的答案,便于学生参考。

图书在版编目(CIP)数据

微观经济学习题集/刘妍主编.—哈尔滨:哈尔滨工业大学出版社,2012.7(2016.7 重印)

应用型本科院校"十二五"规划教材

ISBN 978-7-5603-3689-3

Ⅰ.①微… Ⅱ.①刘… Ⅲ.①微观经济学—高等学校—习题集 Ⅳ.F016—44

中国版本图书馆 CIP 数据核字(2012)第 163157 号

策划编辑 杜 燕 赵文斌 李 岩

责任编辑 刘 瑶

封面设计 卞秉利

出版发行 哈尔滨工业大学出版社

社 址 哈尔滨市南岗区复华四道街 10 号 邮编 150006

传 真 0451-86414749

网 址 http://hitpress.hit.edu.cn

印 刷 哈尔滨市石桥印务有限公司

开 本 787mm×960mm 1/16 印张 9 字数 197 千字

版 次 2012 年 8 月第 1 版 2016 年 7 月第 4 次印刷

书 号 ISBN 978-7-5603-3689-3

定 价 20.00 元

序

哈尔滨工业大学出版社策划的《应用型本科院校"十二五"规划教材》即将付梓,诚可贺也。

该系列教材卷帙浩繁,凡百余种,涉及众多学科门类,定位准确,内容新颖,体系完整,实用性强,突出实践能力培养。不仅便于教师教学和学生学习,而且满足就业市场对应用型人才的迫切需求。

应用型本科院校的人才培养目标是面对现代社会生产、建设、管理、服务等一线岗位,培养能直接从事实际工作、解决具体问题、维持工作有效运行的高等应用型人才。应用型本科与研究型本科和高职高专院校在人才培养上有着明显的区别,其培养的人才特征是:①就业导向与社会需求高度吻合;②扎实的理论基础和过硬的实践能力紧密结合;③具备良好的人文素质和科学技术素质;④富于面对职业应用的创新精神。因此,应用型本科院校只有着力培养"进入角色快、业务水平高、动手能力强、综合素质好"的人才,才能在激烈的就业市场竞争中站稳脚跟。

目前国内应用型本科院校所采用的教材往往只是对理论性较强的本科院校教材的简单删减,针对性、应用性不够突出,因材施教的目的难以达到。因此亟须既有一定的理论深度又注重实践能力培养的系列教材,以满足应用型本科院校教学目标、培养方向和办学特色的需要。

哈尔滨工业大学出版社出版的《应用型本科院校"十二五"规划教材》,在选题设计思路上认真贯彻教育部关于培养适应地方、区域经济和社会发展需要的"本科应用型高级专门人才"精神,根据黑龙江省委书记吉炳轩同志提出的关于加强应用型本科院校建设的意见,在应用型本科试点院校成功经验总结的基础上,特邀请黑龙江省9所知名的应用型本科院校的专家、学者联合编写。

本系列教材突出与办学定位、教学目标的一致性和适应性,既严格遵照学科体系的知识构成和教材编写的一般规律,又针对应用型本科人才培养目标及与之相适应的教学特点,精心设计写作体例,科学安排知识内容,围绕应用讲授理论,做到"基础知识够用、实践技能实用、专业理论管用"。同时注意适当融入新理论、新技术、新工艺、新成果,并且制作了与本书配套的PPT多媒体教学课件,形成立体化教材,供教师参考使用。

《应用型本科院校"十二五"规划教材》的编辑出版,是适应"科教兴国"战略对复合型、应用型人才的需求,是推动相对滞后的应用型本科院校教材建设的一种有益尝试,在应用型创新人才培养方面是一件具有开创意义的工作,为应用型人才的培养提供了及时、可靠、坚实的保证。

希望本系列教材在使用过程中,通过编者、作者和读者的共同努力,厚积薄发、推陈出新、细上加细、精益求精,不断丰富、不断完善、不断创新,力争成为同类教材中的精品。

黑龙江省教育厅厅长

前　　言

目前图书市场上各类微观经济学辅导书有很多，但是适用于应用型本科院校学生学习的这类辅导图书还不多见，因此，我们在吸取此类图书优点的基础之上，针对应用型本科院校的学生特点，编写了此书。本书旨在为应用型本科院校的学生学习微观经济学提供辅导，使之更好地把握微观经济学各种理论的内在联系和逻辑关系，从而能够真正理解和掌握微观经济学理论体系的目的。

本书相对其他图书的特色：

1.明确学习目标。以“考点归纳”的形式列出学习过程中需要掌握的每章主要知识点。围绕这些知识点，在“要点解读”中进行详细解析，从而使读者对教科书中相关内容的理解能够把握重点。

2.强化重点难点。在题型结构的设计上，本书利用名词解释、判断题、选择题、简答题、计算题和论述题六种题型对重点难点进行了强化。

3.习题具有代表性。本书在编写过程中，主要参考了国外经典的经济学教科书的配套习题集，同时参考了国内优秀的微观经济学教材中的习题，针对应用型本科院校学生的特点，选取有代表性的习题。

本习题集编写组成员及分工如下：哈尔滨远东理工学院武录齐撰写第1、2章；哈尔滨远东理工学院刘妍撰写第3、4、6章；哈尔滨远东理工学院刘双双参与编写第6章；哈尔滨剑桥学院王晶撰写第5章；哈尔滨远东理工学院姚娜撰写第7章；哈尔滨剑桥学院屈宏撰写第8章；哈尔滨剑桥学院王欢撰写第9章。

本习题集的错误和不当之处，望广大读者及时反馈给我们，以便再版时修订。

2012年12月

编　者

目　　录

第一章

Chapter 1

导　　论

【考点归纳】

1. 了解什么是微观经济学及现代微观经济学的由来和演变。

2. 了解微观经济学的原理。

3. 理解微观经济学与宏观经济学的研究对象及其区别与联系。

4. 理解微观经济学企图解决的两个问题，对微观经济学持有正确的态度，明确学习微观经济学的目的。

5. 掌握微观经济学的主要分析方法。

【要点解读】

1. 经济学的研究对象

经济学是研究稀缺资源在各种可供选择的用途之间进行分配的科学。在解决资源配置和利用问题时，人类社会采取了传统、市场、计划三种形式。在现代社会经济中，则通过计划经济和市场经济这两种基本的经济体制来配置资源。

2. 微观经济学

(1)微观经济学的定义。

"微观"的英文为"Micro"，它来源于希腊文，原意是微小的。微观经济学以单个经济单位为研究对象，通过研究单个经济单位的经济行为和相应的经济变量单项数值的决定来说明价格机制如何解决社会的资源配置问题。

(2)微观经济学的基本内容。

微观经济学包括的内容相当广泛,其中主要有:均衡价格理论、消费者行为理论、生产者行为理论、成本理论、市场理论、分配理论、一般均衡理论和福利经济学、市场失灵与微观经济政策等。

3.宏观经济学

(1)宏观经济学的定义。

"宏观"的英文是"Macro",它来源于希腊文,原意是宏大的。宏观经济学以整个国民经济为研究对象,通过研究经济中各有关总量的决定及其变化,来说明资源如何才能得到充分利用。

(2)宏观经济学的基本内容。

宏观经济学的内容相当广泛,主要有:国民收入决定理论、失业和通货膨胀理论、经济周期和经济增长理论、开放经济理论、宏观经济政策等。

4.经济学的分析方法

(1)实证经济学企图超脱或排斥一切价值判断,只研究经济本身的内在规律,并根据这些规律,分析和预测人们经济行为的效果,它要回答"是什么"的问题。

(2)规范经济学是以一定的价值判断为基础,提出某些标准作为分析处理经济问题的标准,树立经济理论的前提作为制定经济政策的依据,并研究如何才能符合这些标准。它要回答"应该是什么"的问题。

在西方经济学的发展中,早期强调从规范的角度来分析经济问题,19世纪中期以后,则逐渐强调实证的方法。许多经济学家都认为:经济学的实证化是经济科学化的唯一途径。只有使经济学实证化,才能使之成为真正的科学。应该说,到目前为止,实证经济学仍然是西方经济学的主流。但也有许多的经济学家认为,经济学并不能完全等同于自然科学,它也无法完全摆脱规范问题,也就是无法回避价值判断。因此,应该在经济学中把实证的方法和规范的方法结合起来,这一看法是有一定道理的。

5.经济学的发展演变

微观经济学作为上层建筑,也是为其经济基础服务的,它企图解决两个问题。微观经济学的发展史是伴随着资本主义生产方式的形成和发展而形成和发展的,它反映了经济发展的现实问题。

【习题精编】

一、名词解释

1.经济学　　2.《富国论》　　3.实证分析

4.规范分析　　5.静态分析　　6.比较静态分析

7.动态分析　　8.均衡分析　　9.微观经济学

10. 宏观经济学　　　　11.《就业、利息与货币通论》

二、判断题

1. 凯恩斯在英国建立了洛桑学派。(　　)

2. 宏观经济学以充分就业为分析的前提。(　　)

3. 微观经济学采取个量分析的方法。(　　)

4. 宏观经济学的中心问题是国民收入决定理论。(　　)

5. 希克斯在其著作《经济学》中提出了序数效用论。(　　)

6. 宏观经济学的中心问题是价格理论。(　　)

7. 西方经济学包括企事业经营管理方法和经验、经济理论的研究与考察两个方面的内容。(　　)

8. 资源的稀缺性是指资源是不可再生的或可以耗尽的。(　　)

9. 新古典综合派的宏观经济学认为失业和通货膨胀总是并存的。(　　)

10. 资源配置问题包括生产什么、生产多少、如何生产、为谁生产。(　　)

11. 西方经济学在意识形态上宣传资本主义制度的合理性和优越性,从而加强对该制度永恒存在的信念。(　　)

12. 规范分析回答"是什么"的问题,分析问题具有客观性。(　　)

13. 实证分析是以一定的价值判断为依据的。(　　)

14. 对"人们的收入差距大一些好还是小一些好"的研究属于规范分析。(　　)

15. 某国 2011 年 12 月 31 日的人口数量是流量。(　　)

16. 某国 2011 年的进口量是流量。(　　)

17. 某国 2011 年的 GDP 是存量。(　　)

三、选择题

1. 庸俗经济学阶段结束于(　　)。

A. 19 世纪 30 年代　　　　B. 19 世纪 70 年代

C. 18 世纪中叶　　　　D. 20 世纪 20 年代

2. 下列经济学家属于洛桑学派的是(　　)。

A. 杰文斯　　B. 瓦尔拉斯　　C. 门格尔　　D. 马歇尔

3. 凯恩斯的代表著作是(　　)。

A.《就业、利息与货币通论》　　　　B.《国富论》

C.《政治经济学及赋税原理》　　　　D.《价值与资本》

4. 马歇尔的价值论被称为(　　)。

A. 序数效用论　　B. 基数效用论　　C. 劳动价值论　　D. 不确定

5. 新古典综合派理论表明(　　)。

A. 失业与通货膨胀总是同时存在

B. 失业和通货膨胀不可能同时存在
C. 滞胀是可能的
D. 不确定

6. 西方经济学认为(　　)是“理想的社会”。
A. 资本主义　　B. 共产主义　　C. 社会主义　　D. 封建社会

7. 西方经济学萌芽时期的代表流派是(　　)。
A. 重商主义　　B. 重农主义　　C. 古典经济学　　D. 庸俗经济学

8. 张伯伦和罗宾逊于1933年提出了(　　)理论。
A. 垄断竞争　　B. 寡头垄断　　C. 完全竞争　　D. 完全垄断

9. 新古典综合派的理论无法解释(　　)现象。
A. 失业　　B. 通货膨胀　　C. 通货紧缩　　D. 滞胀

10. 微观经济学的中心理论是(　　)。
A. 价格理论　　B. 价值理论　　C. 分配理论　　D. 生产理论

11. 下列不属于微观经济学研究的问题的是(　　)。
A. 一家空调企业的产量水平
B. 冰箱市场上供给与需求的相互作用
C. 失业率和通货膨胀的关系
D. 某品牌彩电降价对全国彩电市场价格的影响

12. 微观经济学的研究对象是(　　)。
A. 单个经济单位的经济行为　　B. 经济周期
C. 整个国民经济　　D. 国际收支平衡

13. 宏观经济学的中心理论是(　　)。
A. 失业理论　　B. 开放经济理论
C. 经济周期理论　　D. 国民收入决定理论

14. (　　)是以一定的价值判断为基础的分析方法。
A. 实证分析　　B. 结构分析　　C. 边际分析　　D. 规范分析

15 一定时期内发生的某种经济变量变动的数值是(　　)。
A. 存量　　B. 外生变量　　C. 内生变量　　D. 流量

16. 资源的稀缺性是指(　　)。
A. 资源最终会被消耗光
B. 资源总量太少
C. 相对于人们的欲望而言,资源是不足的
D. 资源的人均量不足

17. 在下列经济学家中,属于货币主义学派的是(　　)。

A. 亚当·斯密　　B. 弗里德曼
C. 萨廖尔森　　D. 瓦尔拉斯

18. 以下属于存量的是(　　)。
A. 我国某年的出口量
B. 某人在 2008 年的存款是 10 万元
C. 2000 年第五次人口普查广州人口是 994.42 万人
D. 某一时期的变量

19. 西方经济学分析方法中的实证分析是指(　　)。
A. 研究"是什么"的问题
B. 对行动结果进行预测和评价
C. 研究如何作出评价
D. 研究"应该"是什么的问题。

20. 下列属于实证的表述的是(　　)。
A. 降低利率以刺激投资
B. 目前房价太高
C. 降低失业率比抑制通货膨胀更重要
D. 医生挣的钱比农民多

四. 简答题

1. 在你学过的或目前学习的课程中,有哪几门与西方经济学有关?
2. 简要说明实证分析与规范分析的区别与联系。
3. 简述传统西方经济学先后经历的三次比较重大的修改和补充。
4. 简述微观经济学的研究对象。
5. 简述宏观经济学的研究对象。

五. 论述题

论述微观经济学与宏观经济学的区别与联系。

【习题答案】

一、名词解释

1. 经济学:是研究人们如何合理配置和充分利用稀缺资源以最大限度地满足人类日益增长的需求欲望的科学。简言之,经济学是研究资源的合理配置和充分利用的科学。所谓资源的"合理配置"是指最大限度地发挥资源的效率。所谓资源的"充分利用"是指最大限度地使用现有的一切生产要素,不让它们处于闲置状态。

2.《国富论》:全称《国民财富的性质和原因的研究》,出版于 1776 年,作者是英国经济学家亚当·斯密。该书是一部划时代的经济学著作,是经济学说史上的第一次革命。其主要观点有:批判了重商主义的错误观点,纠正了其偏见,提出了生产劳动是国民财富的源泉,明确了劳动价值和利润来自于剩余劳动的观点;强调了经济自由的思想,认为个人追求私利的结果有效地促进了整个社会的利益;提出了资本主义经济发展受“一只看不见的手指导”的观点,主张自由放任和充分发挥市场自由竞争的调节作用;提出了国家具有保卫本国安全、免受外国侵犯,维护社会治安、保护居民不受欺辱与压迫,建设和维护公共工程和公共事业的职责;强调了国家不干预经济。

3.实证分析:是描述与预测经济事物的方法,回答“是什么”、“为什么”、“如何解决”等问题;采用实证分析研究所得出的结论可以用经验数据加以证实或证伪;主要利用实证分析进行研究的经济学被称为实证经济学。

4.规范分析:是一种对经济事物进行主观评价的方法,回答“应该是什么”、“应该怎样解决”等问题,带有一定的价值判断;使用规范分析研究所得到的结论不能证实或证伪。

5.静态分析:一般假定自变量是已知和固定的,来考察因变量达到均衡状态的条件和在均衡状态下的情况。

6.比较静态分析:对变化前后两套自变量条件下的因变量进行比较,但不考察从原均衡状态到新均衡状态的变化过程。

7.动态分析:在引进时间变化序列的基础上,研究在不同时点上的变量的相互作用,在均衡状态的形成和变化过程中所起的作用,考察在时间变化过程中均衡状态的实际变化过程。

8.均衡分析:在经济分析中,均衡是指这样一种状态,即各个经济决策主体(如消费者、厂商等)所作的决策正好相容,并且在外界条件不变的情况下,每个人都不愿意再调整自己的决策,从而不再改变其经济行为。均衡分析包括局部均衡分析和一般均衡分析。

9.微观经济学:是西方经济学的一个重要分支,又被称为个体经济学、小经济学。它以单个经济单位(居民户、厂商及单个产品市场)为研究对象,研究单个经济单位的经济行为,以及相应的经济变量的单项数值如何决定。微观经济学的中心问题是价格理论,主要内容包括价格理论、消费者行为理论、生产理论、成本理论、厂商均衡理论、收入分配理论以及福利经济学和一般均衡理论。

10.宏观经济学:是西方经济学的另一个重要分支,又被称为总量经济学、大经济学。它以整个国民经济活动作为考察对象,研究社会总体经济问题以及相应的经济变量的总量如何决定及其相互关系。宏观经济学的中心问题是国民收入决定理论,主要包括国民收入核算理论、国民收入决定理论、失业与通货膨胀理论、经济周期与经济增长理论、开放经济理论、宏观经济政策等内容。

11.《就业、利息和货币通论》:出版于1936年,作者是英国经济学家凯恩斯。该书在理论、方法和政策上向传统的西方经济学发起了挑战,是经济学说史上的第三次革命,是世界经济萧条所引起的传统经济学理论危机的产物。其主要观点有:在理论上批判了萨伊的“供给自动创造需求”和资本主义不存在非自愿失业的错误观点,提出了供给是需求的函数和资本主义不可能实现充分就业的理论；在方法上开创了以总量指标为核心的宏观经济分析方法，即总量分析方法；在政策上反对自由放任，强调国家干预经济，并提出财政赤字政策、收入政策、货币政策三项重要的经济政策。

二、判断题

1～5 ××√√× 6～10 ××××√ 11～15 √××√× 16～17 √×

三、选择题

1～5 BBABB 6～10 AAADA 11～15 CADDD 16～20 CBCAD

四、简答题

1.目前在高等院校开设的课程中，以下几门课程与西方经济学有关：①经济学入门课程：经济学原理；②经济学理论基础课程：微观经济学、宏观经济学；③经济学分析方法课程：计量经济学、数理经济学；④经济学应用学科课程：产业经济学、国际经济学(国际贸易与国际金融)、公共经济学、货币金融学、制度经济学、农业经济学、发展经济学、劳动经济学、环境经济学等。

2.(1)实证分析研究经济问题是超脱价值判断，只研究经济本身的内在规律，并根据这些规律，分析和预测人们经济行为的效果，它回答“是什么”的问题。规范分析研究经济问题是以一定的价值判断为基础，提出某些标准作为分析处理经济问题的标准，并研究如何才能符合这些标准，它回答“应该是什么”的问题。

(2)区别：第一，是否以一定的价值判断为依据，是实证分析与规范分析的重要区别之一。第二，实证分析与规范分析要解决的问题不同。实证分析要解决“是什么”的问题，规范分析要解决“应该是什么”的问题。第三，实证分析研究经济问题所得出的结论具有客观性，可以根据事实来进行检验，不会以人们的意志为转移。规范分析研究经济问题所得出的结论要受到不同价值观的影响，没有客观性。联系：实证分析与规范分析研究经济问题尽管有上述三点差异，但它们也并非绝对互相排斥。规范分析要以实证分析为基础，而实证分析也离不开规范分析的指导。一般来说，越是具体的问题，实证的成分越多；越是高层次并带有决策性的问题，越具有规范性。

3.第一次修改和补充涉及垄断问题，张伯伦和罗宾逊于1933年填补了传统西方经济学把垄断当作“例外现象”的漏洞，提出了垄断竞争理论。第二次修改和补充出现于1936年。凯恩斯在西方世界大萧条后出版了《就业、利息和货币通论》，宣称资本主义的自发作用不能保证资源的充分就业，主张国家干预经济生活的政策。第三次修改和补充涉及价值论和一般均衡论。希克斯在《价值与资本》中提出了序数效用论，逐渐取代了基数效用论而成为西方正统经济思想的一个基本前提，对瓦尔拉斯的一般均衡论起到了推广和普及作用。

4.微观经济学是经济学的一个重要分支，它以单个经济单位(居民户、厂商及单个产品市场)为研究对象，研究单个经济单位的经济行为以及相应的经济变量的单项数值如何决定。微观经济学的中心问题是价格理论，主要内容包括价格理论、消费者行为理论、生产理论、成本理论、厂商均衡理论、收入分配理论以及福利经济学和一般均衡理论。

微观经济学对个体经济单位的考察，是在三个逐步深入的层次上进行的。第一个层次是分析单个消费者和单个生产者的经济行为。它分析单个消费者如何进行最优的消费决策以获得最大的效用，单个生产者如何进行最优的生产决策以取得最大的利润。第二个层次是分析单个市场的价格决定。这种单个市场价格的决定，是作为单个市场中所有消费者和所有生产者的最优经济行为的共同结果而出现的。第三个层次是分析所有单个市场价格的同时决定，这种决定是作为所有单个市场相互作用的结果而出现的。

显然，微观经济学所涉及的经济变量都是个量，也正是从这个意义上讲，它才被称为微观经济分析或个量分析。

5.宏观经济学是经济学的一个重要分支。如果说微观经济学研究的就是森林中的树木，那么宏观经济学研究的就是森林的整体。宏观经济学以整个国民经济活动作为考察对象，研究社会总体经济问题以及相应的经济变量的总量是如何决定的，及其相互关系问题。宏观经济学的中心问题是国民收入决定理论，主要包括国民收入核算理论、国民收入决定理论、失业与通货膨胀理论、经济周期与经济增长理论、开放经济理论、宏观经济政策等内容。

宏观经济学对总体经济单位的考察，需要解决三个问题：一是已经配置到各个生产部门和企业的经济资源总量的使用情况是如何决定一国的总产量（国民收入）或就业量的；二是商品市场和货币市场的总供求是如何决定一国的国民收入水平和一般价格水平的；三是国民收入水平和一般物价水平的变动与经济周期及经济增长的关系。因此，宏观经济学又称为国民收入决定论或收入分析。

五、论述题

微观经济学和宏观经济学的区别主要表现在假定前提、研究方法与研究对象三个方面。微观经济学在假定资源已经被充分利用的基础上，通过对单个经济主体追求私人利益最大化的经济行为的分析，即通过个量（某种产品的价格、某种要素的价格等）分析，研究资源的合理配置问题。实际上，价格的决定过程就是资源的配置过程。宏观经济学在假定资源已经被合理配置的基础上，通过总量（如一般价格水平、失业率、国民收入、货币存量等）分析，研究社会如何充分利用资源以促进一国的经济增长。经济增长常常用国民收入的增长来衡量。任何国家的收入在短期总是具有波动的趋势（有时繁荣，有时萧条），在长期则不断增长。宏观经济学主要研究国民收入短期波动（失业与通货膨胀）和长期增长的决定因素。

微观经济学和宏观经济学的联系表现在两个方面：第一，微观经济学与宏观经济学互相将对方的研究对象当作自己研究的假定前提。微观经济学与宏观经济学的综合构成西方经济学。第二，总量分析必须建立在个量分析的基础之上，微观经济学是宏观经济学的基础。

第二章

Chapter 2

需求、供给和均衡价格

【考点归纳】

1. 了解微观经济学的研究对象、基本假设和理论体系。

2. 掌握需求、供给、均衡价格、弹性等重要概念。

3. 理解均衡价格的决定及其对经济的调节作用。

【要点解读】

1. **需求理论**

需求理论说明价格、收入、分配、偏好、人口政策、预期是如何影响需求的。

2. **供给理论**

供给理论说明价格因素和非价格因素(相关商品价格、生产要素价格、厂商目标、技术、政策、厂商预期、自然社会政治条件等)如何影响供给的。

3. **均衡价格理论**

在西方经济学中,一种商品的均衡价格是指该商品的市场满足需求量和市场供给量相等时的价格,在均衡价格水平下的相等供求数量被称为均衡数量。从几何意义上说,一种商品市场的均衡出现在该商品的市场需求曲线和市场供给曲线相交的交点上,该交点被称为均衡点。均衡点上的价格和相等的供求量分别称为均衡价格和均衡数量。市场上需求量和供给量相等的状态,也被称为市场出清的状态。

4. **弹性分析**

弹性概念在经济学中得到了广泛的应用。一般来说,只要两个经济变量之间存在着函数关系，我们就可以用弹性来表示因变量对自变量变化的反应的敏感度。具体地说，它是这样一个数字，它告诉我们，当一个经济变量发生1%变动时，由它引起的另一个经济变量变动的百分比。

在经济学中，弹性的一般公式为：

弹性系数＝因变量的变动比例/自变量的变动比例

5.供求关系的应用

供求分析具有广泛的应用领域，如政府定价、征税、限产保价、关税、颁发营业许可证等。

【习题精编】

一、名词解释

1.需求　2.需求函数　3.需求定理

4.供给　5.供给函数　6.供给定理

7.均衡价格　8.供求定理　9.需求的价格弹性

10.需求的交叉价格弹性　11.局部均衡　12.一般均衡

13.静态分析　14.动态分析

二、判断题

1.若预计某产品的价格会下降，则该产品的供给将会减少。（　）

2.需求曲线的斜率和需求的价格弹性是相同的概念。（　）

3.降低价格一定会使供给量下降。（　）

4.一般来说，生活必需品的需求弹性比奢侈品的需求弹性小。（　）

5.如果供给的价格弹性等于零，当价格上升时，卖者的总收益不会增加。（　）

6.需求的价格弹性为零意味着需求曲线是一条水平线。（　）

7.假如需求曲线是一条直线，那么任意两点间的需求弹性一定相等。（　）

8.卖者降低价格肯定会降低每单位产品的收益。（　）

9.供给的价格弹性和供给曲线的斜率在数值上一定不等。（　）

10.当咖啡的价格上升时，茶叶的需求就会增加。（　）

11.世界石油价格下降有助于增加购买汽车的需求。（　）

12.替代效应使价格上升的商品需求量减少。（　）

13.市场经济的协调机制是价格。（　）

14.支持价格是政府规定的某种产品的最高价格。（　）

15.当我们想让人们节约用水时，提价是最有效的方法。（　）

16.世界上许多城市对房租进行限制，这种做法称为价格下限。（　）

17.当价格下降时，根据卖者的总收益是增加或是减少可以判断供给的价格弹性的高低。（　）

18.假如某城市运输的需求的价格弹性为1.2,为了增加运输的收入,运输价格应该降低。(　　)

19.假如卫生部门发布一份报告,称某种蘑菇会致癌,则这种蘑菇的需求曲线会向右上方移动。(　　)

20.假如某种商品的价格从5美元上升到5.1美元,买者就会完全停止购买这种商品,这表明需求富有价格弹性。(　　)

三、选择题

1.在得到某种商品的个人需求曲线时,下列除(　　)外均保持为常数。

A.个人收入　　B.其余商品价格

C.个人偏好　　D.所考虑商品的价格

2.在得出某西瓜种植农户的供给曲线时,下列除(　　)外均保持为常数。

A.土壤的肥沃程度　　B.技术水平

C.西瓜的种植面积　　D.西瓜的价格

3.在某一时期内彩色电视机的需求曲线向左平移的原因可以是(　　)。

A.彩色电视机的价格上升

B.黑白电视机的价格上升

C.消费者对彩色电视机的预期价格下降

D.消费者的收入水平提高

4.如果商品X和商品Y是可替代的,则X的价格下降将造成(　　)。

A.X的需求曲线向右移动　　B.X的需求曲线向左移动

C.Y的需求曲线向右移动　　D.Y的需求曲线向左移动

5.小麦欠收导致小麦价格上升,供给量减少,准确地说在这个过程中(　　)。

A.小麦供给的减少引起需求量下降

B.小麦供给的减少引起需求下降

C.小麦供给量的减少引起需求量下降

D.小麦供给量的减少引起需求下降

6.如果人们收入水平提高,则食物支出在总支出中的比重将(　　)。

A.大大提高　　B.稍有增加　　C.下降　　D.不变

7.假定某商品的价格从3美元降到2美元,需求量从9个单位增加到11个单位,则该商品卖者的总收益将(　　)。

A.保持不变　　B.增加　　C.减少　　D.无法确知

8.均衡价格随着(　　)。

A.需求和供给的增加而上升

B.需求和供给的减少而上升

C. 需求的减少和供给的增加而上升

D. 需求的增加和供给的减少而上升

9. 假定玉米市场的需求是缺乏弹性的，玉米的产量等于销售量且等于需求量，恶劣的气候条件使玉米产量下降 20%，在这种情况下（　　）。

A. 玉米生产者的收入减少，因为玉米产量下降 20%

B. 玉米生产者的收入增加，因为玉米价格上升低于 20%

C. 玉米生产者的收入增加，因为玉米价格上升超过 20%

D. 玉米生产者的收入增加，因为玉米价格上升等于 20%

10. 若 X 和 Y 两种商品的交叉价格弹性是－2.3，则（　　）。

A. X 和 Y 是替代品　　B. X 和 Y 是正常品

C. X 和 Y 是劣等品　　D. X 和 Y 是互补品

11. 当两种商品中一种商品的价格发生变化时，这两种商品的需求量都同时增加或减少，则这两种商品的需求交叉价格弹性系数为（　　）。

A. 正　　B. 负　　C. 0　　D. 1

12. 如果价格下降 10% 能使买者总支出增加 1%，则这种商品的需求量对价格（　　）。

A. 富有弹性　　B. 具有单位弹性

C. 缺乏弹性　　D. 其弹性不能确定

13. 某商品的市场供给曲线是一过原点的直线，则其供给的价格弹性（　　）

A. 随价格的变化而变化　　B. 为其斜率值

C. 恒为 1　　D. 不可确定

14. 如果政府利用配给的办法来控制价格，这意味着（　　）。

A. 供给和需求的变化已不能影响价格

B. 政府通过移动供给曲线来抑制价格

C. 政府通过移动需求曲线来抑制价格

D. 政府通过移动供给和需求曲线来抑制价格

15. 政府为了扶持农业，对农产品规定了高于其均衡价格的支持价格。政府为了维持支持价格，应该采取的相应措施是（　　）

A. 增加对农产品的税收　　B. 实行农产品配给制

C. 收购过剩的农产品　　D. 对农产品生产者予以补贴

16. 政府把价格限制在均衡水平以下可导致（　　）。

A. 黑市交易

B. 大量积压

C. 买者按底价买到了希望购买的商品数量

D. A 和 C

17. 某农户今年扩大播种面积并取得丰收，则可预期他的收入必定(　　)

A. 增加　　B. 减少　　C. 不变　　D. 不确定

18. 在某月内，X 商品的替代品的价格上升和互补品的价格上升，分别以前期 X 商品的需求变动量为 50 单位和 80 单位，则在它们共同作用下该月 X 商品需求数量(　　)。

A. 增加 30 单位　　B. 较少 30 单位

C. 增加 130 单位　　D. 减少 130 单位

19. 下列将导致商品需求量变化而不是需求变化的是(　　)。

A. 消费者的收入变化

B. 生产者的技术水平变化

C. 消费者预期该商品的价格将上涨

D. 该商品的价格下降

四、简答题

1. 需求量的变动与需求的变动有什么区别和联系?

2. 供给量的变动与供给的变动有什么区别和联系?

3. 均衡价格是如何实现的? 它对于制定价格政策有何意义?

4. 什么是供求定理? 结合现实经济生活的实例予以说明。

5. “谷太贱则伤农，太贵则伤末”(苏轼语)请你运用经济学原理分析这种现象。

6. 时间的长短对供给的价格弹性有什么影响?

五、论述题

1. 运用供求理论分析说明石油输出国组织为什么要限制石油产量?

2. 需求的价格弹性的高低对生产者的总收益有什么影响?

【习题答案】

一、名词解释

1. 需求：是指消费者在一定时期内在各种可能的价格水平下愿意而且能够购买的该商品数量。

2. 需求函数：是用来表示一种商品的需求数量和影响该需求数量的各种因素之间的相互关系。影响需求数量的各个因素是自变量，需求数量是因变量，商品的需求数量是所有影响这种商品需求数量的因素的函数。

3. 需求定理：指商品的需求量与价格之间的互为反方向的变化关系。价格上升，需求量减少；价格下降，需求量增加。用几何形式表示商品的需求量与价格之间的这种关系，即需求曲线的形状是向右下方倾斜的。

4. 供给：是指生产者在一定的时期内在各种可能的价格下愿意而且能够提供出售的商品数量。

5.供给函数:是用来表示一种商品的供给数量和影响该供给数量的各种因素之间的相互关系。影响供给数量的各个因素是自变量,供给数量是因变量,商品的供给数量是所有影响这种商品供给数量的因素的函数。

6.供给定理:指商品的供给量与价格之间的互为同方向的变化关系。价格上升,供给量增加;价格下降,供给量减少。用几何形式表示商品的供给量与价格之间的这种关系,即供给曲线的形状是向右上方倾斜的。

7.均衡价格:是商品的供给曲线与需求曲线相交时的价格,即商品的供给量与需求量相等,商品的供给价格与需求价格相等时的价格。

8.供求定理:指在其他条件不变的情况下,需求的变动分别引起均衡价格和均衡数量的同方向的变动;供给变动分别引起均衡价格的反方向变动和均衡数量的同方向变动。需求增加,使均衡价格上升,均衡数量增加;需求减少,使均衡价格下降,均衡数量减少。供给增加,使均衡价格下降,均衡数量增加;供给减少,使均衡价格上升,均衡数量减少。

9.需求的价格弹性:表示在一定时期内一种商品的需求量变动对于该商品的价格变动的反应程度。其公式为:需求的价格弹性系数=需求量变动率/价格变动率。

10.需求的交叉价格弹性:表示在一定时期内一种商品的需求量的变动对于它的相关商品的价格的变动的反应程度。它是该商品的需求量的变动率和它的相关商品的价格的变动率的比值。

11.局部均衡:指单个市场或局部市场的供求与价格之间的关系和均衡状态。

12.一般均衡:指一个经济社会中的所有市场的供求与价格之间的关系和均衡状态。一般均衡通常也称为全部均衡。

13.静态分析:就是分析经济现象的均衡状态,以及有关经济变量处于均衡状态所必须具备的条件,但不论及达到均衡状态的过程,即完全不考虑时间因素。

14.动态分析:指在引进时间变化序列的基础上,研究不同时点上的变量的相互作用在均衡状态的形成和变化过程中所起的作用,考察在时间变化过程中的均衡状态的实际变化过程。动态分析也被称为过程分析。

二、判断题

1~5 ××××× 6~10 ××√×√ 11~15 √√√×√ 16~20 ××√×√

三、选择题

1~5 DDCDB 6~10 CCDCD 11~15 BAACC 16~19 ABBD

四、简答题

1.需求量的变动与需求的变动都是需求数量的变动。它们的区别在于引起这两种变动的因素不同,而且这两种变动在几何图形中的表示也不相同。

需求量的变动是在其他条件不变时,由商品自身价格的变动所引起的该商品的需求数量的变动。在几何图形中,它表现为商品的价格一需求数量组合点沿着同一条既定的需求曲线运动。而需求的变动是在商品自身价格不变的条件下，由于其他因素变动所引起的该商品的需求数量的变动。在几何图形中，它表现为需求曲线的位置发生移动。

2. 供给量的变动与供给的变动都是供给数量的变动。它们的区别在于引起这两种变动的因素不同，而且这两种变动在几何图形中的表示也不相同。

供给量的变动是在其他条件不变时，由商品自身价格的变动所引起的该商品的供给数量的变动。在几何图形中，它表现为商品的价格一供给数量组合点沿着同一条既定的供给曲线运动。而供给的变动是在商品自身价格不变的条件下，由于其他因素变动所引起的该商品的供给数量的变动。在几何图形中，它表现为供给曲线的位置发生移动。

3. 均衡价格的形成也就是价格决定的过程，它是由供求双方在竞争过程中自发形成的。可以从两种情况来考虑：①当市场价格高于均衡价格时，即供大于求的商品过剩的市场状况，一方面会使需求者压低价格来得到他要购买的商品量，另一方面又会使供给者减少商品的供给量。这样，该商品的价格必然下降，一直下降到均衡价格的水平。②当市场价格低于均衡价格时，即求大于供的商品短缺的市场状况，一方面迫使需求者提高价格来得到他所要购买的商品量，另一方面又使供给者增加商品的供给量。这样，该商品的价格必然上升，一直上升到均衡价格的水平。由此可见，当实际价格偏离均衡价格时，市场上总存在着变化的力量，最终达到市场的均衡或市场出清。

如果社会上每一件商品和劳务都能实现供求均衡，按需要配置稀缺经济资源这一基本的社会经济问题就会自动地解决，而无须计划和政府干预。但现实中却存在市场失灵的情况，因此在制定价格政策时要尽可能贴近均衡价格，以实现社会福利最大化。

4. 若供给不变，需求的变化引起均衡价格和均衡数量同方向变化；若需求不变，供给的变化引起均衡价格反方向变化，引起均衡数量同方向变化。供求变动对均衡价格和均衡数量的这种影响，称为供求定理。

例如，彩电供给过剩，价格下降，需求增多，企业会减少彩电的生产，导致供给减少，价格上升，一直上升到均衡价格的水平。相反，彩电供给不足，价格上涨，企业看到有利可图，会增加供给，而价格上涨导致需求减少，价格会下降，一直下降到均衡价格的水平。

5.“谷贱伤农”是我国流传已久的一句俗语，指在丰收的年份农民的收入反而减少的现象。根据供求定理，造成这种现象的根本原因是农产品的需求大多是缺乏弹性的。农产品均衡价格的下降幅度大于均衡数量的下降幅度，致使农民收入减少。

图 2.1 中农产品需求曲线 D 比较陡峭，假定初始年份农产品供给曲线为 S，在丰收的年份，供给曲线向右平移至 S'，市场均衡点由 E 移动到 E'，农产品均衡价格由 P_0 大幅下降至 P_1，导致农民的总收入减少，减少量相当于矩形 OP_0EQ_0 和 $OP_1E'Q_1$ 的面积之差。

与此类似，在歉收年份，由于缺乏弹性的需求曲线的作用，农产品的均衡价格的上升幅度大于农产品均衡数量的减少幅度，致使农民的总收入增加。

6. 在商品价格发生变化的情况下，生产者需要调整产量以对价格作出反应，因而时间越

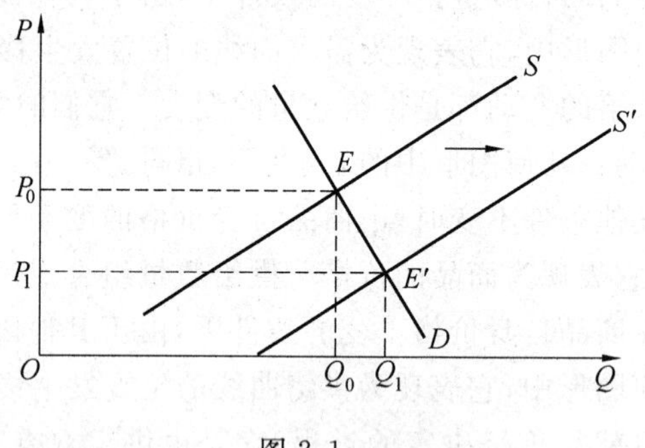

图 2.1

长,供给量的调整就越充分,供给的价格弹性相对而言就越大。

五、论述题

1. 自 20 世纪 70 年代以来,石油输出国组织曾连续多次采取限制石油生产的措施。由于石油为各国的重要能源,其需求缺乏弹性,所以,当石油输出国组织决定降低产量时,石油价格上涨幅度大于需求量下降幅度。这从短期来看会增加该组织成员国的收益,从长远来看也有利于世界石油市场的稳定。若该组织不限制石油的生产,则各成员国将因价格下跌而减少其收益。

2. 当价格下降时,如果需求的价格弹性大于 1,需求量增加幅度较大,厂商的总收益增加;如果需求的价格弹性小于 1,需求量没什么变化,厂商的总收益减少。当价格上升时,如果需求的价格弹性大于 1,需求量减少幅度较大,厂商的总收益减少;如果需求的价格弹性小于 1,需求量没什么变化,厂商的总收益增加。

第三章

Chapter 3

消费者行为理论

【考点归纳】

1. 了解基数效用论和序数效用论的主要内容、联系以及区别。

2. 掌握在基数效用论下消费者均衡是如何实现的。

3. 掌握在序数效用论下如何用无差异曲线分析消费者均衡。

4. 掌握消费者剩余的概念。

【要点解读】

1. 效用理论

人们消费商品和劳务，是因为商品和劳务能够满足人们的某种需要或者人们在购买商品和劳务的过程中能得到某种满足，这取决于消费者的主观评价。

2. 基数效用论

运用具体的效用单位对人们在购买商品过程中所获得的满足程度加以度量。

(1)边际效用递减规律。由于人们在获得商品后满足感会随着占有商品数量的增多而下降，这样每增加 1 单位商品的购买所获得效用增量就会递减。

(2)总效用与边际效用的关系。如总效用为商品消费数量的函数，即 $TU=f(Q)$，且该函数连续，则 $MU=\mathrm{d}TU/\mathrm{d}Q$。在图形上表现为边际效用为总效用曲线的斜率，即边际效用为总效用函数的导数，总效用为边际效用函数的积分。当边际效用大于零时，总效用上升；当边际效用小于零时，总效用下降；当边际效用等于零时，总效用达到最大值。

(3)消费者均衡的条件。消费者均衡，是指在收入既定的条件下实现效用的最大化，可表示为：

$$MU_1/P_1=MU_2/P_2=\cdots=MU_n/P_n=\lambda$$

即每单位货币所购买到的边际效用是相等的，且等于货币的边际效用。

3. 序数效用论

消费者在购买商品的过程中所获得的满足程度不能用具体的效用单位来衡量，只能按照满足程度的大小进行排序。

(1)无差异曲线的意义、性质及无差异曲线和边际替代率的关系。

无差异曲线上每一点所代表的两种商品之间的边际替代率，如 x 对 y 的边际替代率就是无差异曲线在该点切线斜率的绝对值，其实就是这两种商品边际效用的比率，即：

$$MRS_{XY}=-\mathrm{d}y/\mathrm{d}x=MU_X/MU_Y$$

在一般情况下，MRS_{XY}递减，这导致无差异曲线凸向原点。

(2)预算线公式为：

$$P_XQ_X+P_YQ_Y=M \quad 或 \quad Q_Y=M/P_Y-P_XQ_X/P_Y$$

预算线斜率为$-P_X/P_Y$。若 P_X或 P_Y变动，则预算线斜率变动；若 P_X和 P_Y不变，而 M 变动，则预算线平行移动。

(3)边际替代率及边际替代率递减规律。

边际替代率是指消费者在既定的条件下，维持相同的效用水平，消费者每增加 1 单位某种商品的购买所能替换掉的另一种商品的数量。边际替代率递减规律是由于某种商品购买数量的不断增加，而导致增加 1 单位这种商品所能替换掉的另一种商品的数量递减，这是由于边际效用递减规律造成的。

(4)消费者均衡发生在无差异曲线与预算约束线的切点位置上，即：

$$MU_X/MU_Y=MRS_{XY}=P_X/P_Y$$

4. 消费者均衡的变动：价格消费曲线和收入消费曲线

当商品价格变动时，预算约束线斜率变动，预算约束线发生旋转，消费者均衡点也变动，这些消费者均衡点的轨迹即价格消费曲线，它反映价格与需求量之间的关系，故从此曲线可导出需求曲线。当价格不变而消费者收入变动时，预算约束线发生平行移动形成新的消费者均衡点，这些点的轨迹就是收入消费曲线，从中可导出反映收入与需求量相互关系的恩格尔曲线。

5. 消费者剩余

消费者剩余指消费者愿意支付的价格和实际支付的价格之间的差额。若某产品需求函数为 $P=D(x)$，其中 P_1和 X_1分别代表成交价格和成交量，则当 $X=0$ 到 $X=X_1$时，$\int_0^{x_1}D(X)\mathrm{d}X$ 是消费者愿意支付的数额，P_1X_1为实际支付的数额，于是消费者剩余(用 C_S表示)为：

$$C_S=\int_0^{x_1}D(X)\mathrm{d}X-P_1X_1$$

【习题精编】

一、名词解释

1.效用　2.基数效用　3.序数效用
4.总效用　5.边际效用　6.边际效用递减规律
7.消费者均衡　8.消费者剩余　9.无差异曲线
10.边际替代率　11.边际替代率递减规律　12.预算约束线
13.收入一消费曲线　14.价格一消费曲线

二、判断题

1.某种商品的效用对所有消费者来说都是一样的,只是价格不一样。(　　)

2.一个消费者对某种商品的数量感到足够了,这说明他对该种商品的边际效用已达到了极大值。(　　)

3.对所有人来说,货币的边际效用是不会递减的。(　　)

4.两种商品的价格是相同的,根据比价原则,对消费者来说,这两种商品的效用一般是相等的。(　　)

5.两种商品的价格不相同,但对消费者来说,每单位货币购买这两种商品所获得的边际效用有可能相同。(　　)

6.恩格尔曲线是根据价格消费曲线引致出来的。(　　)

7 价格变化会引起预算线的斜率的变化。(　　)

8.如果 $MU_X/MU_Y>P_X/P_Y$,作为一个理性的消费者,则要求增加购买 X 商品,减少购买 Y 商品。(　　)

9.预算线的平行移动说明消费者收入发生变化,价格没有发生变化。(　　)

10.无差异曲线的斜率等于两种商品的边际效用之比。(　　)

11.预算线上的各点说明每种商品的组合是相同的。(　　)

12.无差异曲线的斜率是根据两种商品的价格的变化而变化的。

13.如果消费者的偏好不发生变化,效用最大化均衡点也不会发生变化。(　　)

14.收入消费曲线是由于消费者收入的变化引起效用最大化点变化的轨迹。(　　)

15.消费者的效用最大化要求预算线与无差异曲线相交。(　　)

16.消费者收入的变化会引起效用极大化的点的变化。(　　)

三、选择题

1.总效用曲线达到顶点时,(　　)。

A.边际效用曲线达到最大点　　B.边际效用为零

C.边际效用为正　　D.边际效用为负

2.无差异曲线的形状取决于(　　)。

A. 消费者偏好
B. 消费者收入
C. 所购商品的价格
D. 商品效用水平的大小

3. 当无差异曲线为斜率不变的直线时，表示相结合的两种商品是(　　)。

A. 可以替代
B. 完全替代的
C. 互补的
D. 互不相关的

4. 若某条无差异曲线是水平直线，这表明该消费者对(　　)的消费已达饱和。(设 X 商品由横轴度量，Y 商品由纵轴度量)

A. 商品 Y
B. 商品 X
C. 商品 X 和商品 Y
D. 以上均有可能

5. 同一条无差异曲线上的不同点表示(　　)。

A. 效用水平不同，但所消费的两种商品组合比例相同
B. 效用水平相同，但所消费的两种商品的组合比例不同
C. 效用水平不同，两种商品的组合比例也不相同
D. 效用水平相同，两种商品的组合比例也相同

6. 在无差异曲线的任一点上，商品 X 和 Y 的边际替代率等于它们的(　　)。

A. 价格之比
B. 数量之比
C. 边际效用之比
D. 边际成本之比

7. 若商品 X 和 Y 的价格按相同的比率上升，而收入不变，则预算线(　　)。

A. 向左下方平行移动
B. 向右上方平行移动
C. 不变动
D. 向左下方或右上方平行移动

8. 若商品 X 和 Y 的价格以及消费者的收入都按同一比率同方向变化，则预算线(　　)。

A. 向左下方平行移动
B. 向右上方平行移动
C. 不变动
D. 向左下方或右上方平行移动

9. 已知消费者的收入是 100 元，商品 X 的价格是 6 元，商品 Y 的价格是 2 元。假定他打算购买 10 单位 X 和 20 单位 Y，这时商品 X 和 Y 的边际效用分别是 45 和 16。如要获得最大效用，他应该(　　)。

A. 停止购买
B. 增购 X，减少 Y 的购买量
C. 减少 X 的购买量，增购 Y
D. 同时增购 X 和 Y

10. 随着收入和价格的变化，消费者的均衡也发生变化。假如在新均衡状态下，各种商品的边际效用均低于原均衡状态的边际效用，这意味着(　　)。

A. 消费者生活状况有了改善
B. 消费者生活状态恶化了
C. 消费者生活状况没有变化
D. 以上都正确

11. 假定商品 X、Y 的价格 P_X 和 P_Y 既定，当 $MRS_{XY}<P_X/P_Y$ 时，消费者为达到最大满足，他将(　　)。

A. 增购 X，减少 Y
B. 减少 X，增购 Y
C. 同时增购 X、Y
D. 同时减少 X、Y

12. 若小明的 MU_Y/MU_X 小于小强的 MU_Y/MU_X，那么小明要想有所得，就可以(　　)。

A. 放弃 X，用以与小强交换 Y
B. 放弃 Y，从小强处换取 X
C. 或者放弃 X，或者放弃 Y
D. 以上都正确

13. MRS_{XY} 递减，MU_X 和 MU_Y 必定(　　)。

A. 递增
B. 递减
C. MU_X 递减，而 MU_Y 递增
D. MU_X 递增，而 MU_Y 递减

14. 在均衡条件下，消费者购买的商品的总效用一定(　　)他所支付的货币的总效用。

A. 小于
B. 等于
C. 大于
D. 以上都不正确

15. 在消费者偏好保持不变时，消费者(　　)也将保持不变。

A. 均衡点
B. 满足
C. 所喜好的两种商品的无差异曲线
D. 购买商品的数量

16. 下列不属于消费者均衡的条件的是(　　)。

A. $MU_X/P_X=MU_Y/P_Y=MU_Z/P_Z$
B. 货币在每种用途上的边际效用相等
C. $MU=\lambda P$
D. 各种商品的边际效用相等

17. 消费者剩余是指(　　)。

A. 消费过剩的产品
B. 消费者得到的总效用
C. 消费者买商品所得到的总效用减去支出的货币的总效用
D. 支出的货币的总效用

18. 消费者预算线发生平行移动时，连接消费者各均衡点的曲线称为(　　)。

A. 需求曲线
B. 价格一消费曲线
C. 收入一消费曲线
D. 恩格尔曲线

19. 商品价格发生变化时，连接消费者各均衡点的线称为(　　)。

A. 收入一消费曲线
B. 需求曲线
C. 价格一消费曲线
D. 恩格尔曲线

20. 恩格尔曲线从(　　)中导出。

A. 价格一消费曲线
B. 收入一消费曲线
C. 需求曲线
D. 无差异曲线

21. 需求曲线是从(　　)中导出。

A. 价格一消费曲线
B. 收入一消费曲线
C. 需求曲线
D. 预算约束线

四、简答题

1. 什么是消费者剩余？价格的变动对其有何影响？

2. 简述无差异曲线的特点。它们有什么经济学含义？

3. 两条无差异曲线为什么不能相交？

4. 画出完全替代品和完全互补品的无差异曲线，并说明原因。

5. 消费者均衡的条件是什么？

6. 什么是商品的边际替代率？并说明其递减的原因。

7. 应用弹性理论，说明“谷贱伤农”的道理。

五、计算题

1. 消费 X、Y 两种商品的消费者的效用函数为 $U=X^2Y$，两种商品的价格分别为 $P_X=2$，$P_Y=1$，消费者的收入为 $M=30$，求其对 X、Y 的需求量。

2. 已知某消费者的效用函数为 $U=XY$，其中 X、Y 的价格均为 2，消费者的收入为 144。求该消费者的需求及效用水平。

六、论述题

1. 论述边际效用的递减规律。

2. 比较基数效用论和序数效用论。

3. 在消费者的收入和商品价格既定的条件下，消费者试图实现效用最大化，结合无差异曲线的分析方法来说明消费者的均衡条件。

4. 说明在基数效用论下是如何推导出向右下方倾斜的需求曲线的。

5. 说明在序数效用论下是如何推导出向右下方倾斜的需求曲线的。

【习题答案】

一、名词解释

1. 效用：是指商品或劳务满足人的欲望的能力，或者说是消费者消费商品或劳务时所获得满足程度。商品对消费者的效用取决于两个方面：一是消费者有消费此种商品的欲望；二是商品本身具有满足其欲望的能力(或特性)。

2. 基数效用：西方经济学家认为商品的效用可以如同长度、质量等概念一样可以以基数来加以度量、比较或加总。这种以数字为计量单位来衡量消费者满足程度的方法称为基数效用。

3. 序数效用：经济学家认为效用的大小是无法具体度量的，效用之间只能根据消费者的偏好程度进行排序，这种以排序的形式来衡量的商品的效用就是序数效用。

4. 总效用：是消费者在某一时期内消费一定数量的某商品所获取的效用的总和。

5. 边际效用：在特定时期内，消费者每增加(或减少)1 单位商品的消费所带来的总效用的变化量。

6. 边际效用递减规律：根据基数效用论，由于生理和心理的因素，人们从每单位消费品中感受到的和对重复刺激的反应会逐渐减弱。因此，消费者在其他商品的消费数量保持不变的条件下，随着消费者对某种商品的消费量连续增加，每增加 1 单位对这种商品的购买所带来的效用增量是递减的，这种现象就称为边际效用递减规律。

7. 消费者均衡：在收入和价格既定的条件下，消费者购买一定数量的各种商品使其总效用达到最大的一种状态称为消费者均衡。

8. 消费者剩余：在边际效用递减规律的作用下，消费者为购买特定数量某种商品所愿意支付的总价格与其实际购买该商品时所花费的总支出之间的差额。

9. 无差异曲线：是指在坐标系中，给消费者带来相同的效用水平或相同满足程度的两种商品的所有组合的点的轨迹。

10. 边际替代率：是指在维持消费者效用水平不变的前提下，每增加 1 单位某种商品的购买所意愿减少另一种商品的数量，其表达式为

$$MRS_{XY} = -\Delta Y/\Delta X$$

11. 边际替代率递减规律：是指在维持效用水平不变的条件下，消费者为了得到 1 单位某种商品而愿意放弃另一种商品的数量是递减的。它决定了无差异曲线凸向原点的特征。

12. 预算线：又称为消费可能线或价格线，是指在收入和商品价格既定的条件下，消费者所能购买到的两种商品不同组合的点的轨迹，表示消费者的客观支付约束。

13. 收入一消费曲线：表示在消费者偏好和商品价格不变的条件下，与不同收入水平相联系的消费者效用最大化的均衡点的轨迹。

14. 价格一消费曲线：在消费者的偏好、收入以及其他商品价格不变的条件下，与某种商品的不同价格水平相联系的消费者效用最大化的均衡点的轨迹。

二、判断题

1～5　××√√√　6～10　×√√√×　11～16　×××√×√

三、选择题

1～5　BABBB　6～10　CACCA　11～15　BBCBC　16～21　DCCCBA

四、简答题

1. 消费者剩余是指消费者在购买某商品时所愿意支付的最高价格与实际支付的货币额之间的差额，是消费者的主观感受。由于消费者选择的消费数量是消费者愿意支付的价格恰好等于市场价格时的数量，所以，当市场价格下降时，消费者剩余增加，同时消费数量也增加；当市场价格上升时，消费者剩余减少，同时消费数量也减少。

2. (1)无差异曲线向右下方倾斜，斜率为负。这表明，要增加商品 X 的消费就必须减少消费 Y，两种商品之间是彼此替代的；(2)在坐标平面上存在一组无差异曲线簇，离原点越远的无差异曲线代表的效用水平越高，离原点越近的无差异曲线代表的效用水平越低；(3)任意两条无差异曲线不能相交；(4)无差异曲线凸向原点，边际替代率是其斜率的绝对值。这说明：在效用水平不变的情况下，要替代 1 单位的商品 Y，需要商品 X 不断增加，这是由于边际效用递减

规律引起的。

3.如果两条无差异曲线相交于 A 点，那么 A 点既在无差异曲线 U_1 上，又在无差异曲线 U_2 上，而每条无差异曲线分别表示不同的效用等级，对于同一消费者来讲，相同的商品数量组合不可能带来两个满足程度，因此，任意两条无差异曲线不能相交。

4.完全替代品与完全互补品的无差异曲线如图 3.1 所示。消费者在一定的货币收入约束下，实现自己效用最大化的条件。这一均衡条件用公式 $MU_X/MU_Y=P_X/P_Y$ 来表示，即消费者所购买的任意两种商品的边际效用之比等于这两种商品的市场价格之比。该公式可解释为，最后 1 单位货币无论购买哪种商品给消费者带来的满足程度是相同的。

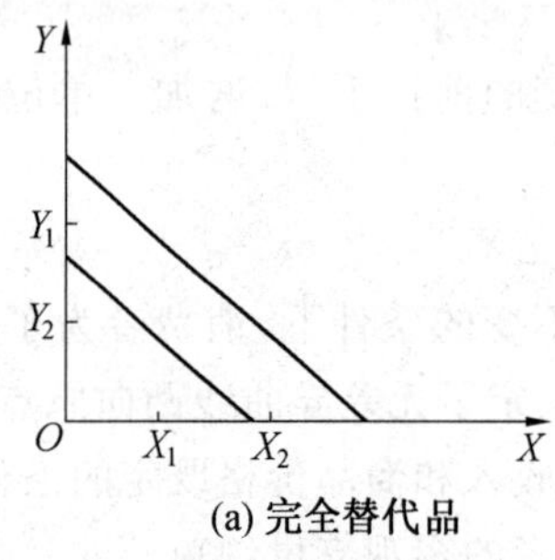

(a) 完全替代品

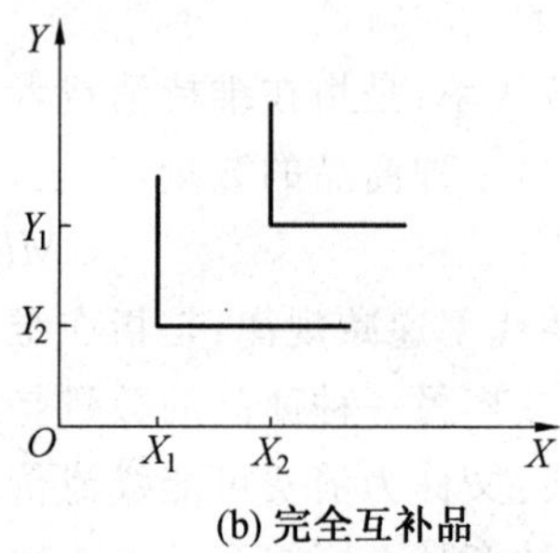

(b) 完全互补品

图 3.1

5. $MRS_{XY}=-\Delta Y/\Delta X$，它表示为得到 1 单位 X 商品，所必须放弃的商品 Y 的数量。因为随着商品 X 的增加，其边际效用是递减的。同时，随着商品 Y 逐渐减少，Y 的边际效用是递增的。所以，随着 X 的增加，每单位商品 X 可以替代的商品 Y 的数量越来越少。所以商品的边际替代率递减的根本原因在于商品的边际效用递减。

6.商品的边际替代率是指在消费者偏好既定的条件下，消费者增加 1 单位商品 X 的购买所能替换掉的商品 Y 的数量。随着某种商品购买数量的增加，其呈现出递减的趋势，这是由于商品的边际效用递减规律引起的。

7.在粮食丰收的年份，粮食供给增加，价格下降，而粮食属于缺乏弹性的商品，价格下降会引起总收益的减少，所以在丰收的年份，农民的收入反而会减少，这就是“谷贱伤农”。

五、计算题

1.预算约束线的方程为 $4x+2y=30$，将其代入效用函数中得 $U=X^2Y=X^2(15-2x)=15X^2-2X^3$。

效用极大化的条件为 $du/dx=30-6X^2=0$，解得 $u=0, x=5$。

经检验 $x=5$ 为效用最大化的消费量，解得 $y=5$。

2.预算约束线的方程为 $4x+4y=144$，将其带入效用函数中得 $u=x(36-x)$。

效用极大化的条件为 $du/dx=-2x+36=0$，解得 $x=8$。

将 $x=8$ 代入预算约束线方程和效用函数，得 $y=18, u=144$。

六、论述题

1. 边际效用是指，消费者在一定时间内，增加1单位商品的消费所得到的效用量的增量。用公式表示为：$MU=\Delta TU/\Delta Q$。边际效用递减规律适用的前提条件是：(1)商品必须能够给消费者带来效用；(2)消费者对某种商品的偏好既定。边际效用递减规律可表述为：在一定时间内，在其他商品的消费数量保持不变的条件下，随着消费者对某种商品购买数量的不断增加，每增加1单位对这种商品的购买所带来的效用增量是递减的。

2. 基数效用论和序数效用论的区别在于：(1)假设不同。基数效用论假设消费者在购买商品的过程中所获得的满足程度是可度量的，而序数效用论则认为消费者所获得的满足程度是不可度量，只可根据满足感的大小进行排序。(2)分析方法不同。基数效用论采用边际效用分析法，序数效用论采用无差异曲线分析法。(3)均衡条件表达方式不同。基数效用论的表示方法为 $MU/P=\lambda$，序数效用论的表示方法为 $MRS_{XY}=MU_X/MU_Y=P_X/P_Y$。

这两种效用理论的相同点为：(1)都是从市场需求入手，通过需求曲线的推导来说明需求曲线上的任一点都表示消费者实现了效用最大化；(2)都是消费者行为理论，都把消费者的行为假定为是在既定的收入限制条件下实现效用最大化的过程；(3)都以边际效用理论为基础，认为商品价格是由商品给消费者带来的边际效用决定的。

3. 消费者均衡是指消费者在收入既定的条件下实现效用的最大化，即无差异曲线与预算约束线的切点，在切点位置无差异曲线与预算约束线的斜率相等，无差异曲线的斜率为 $\Delta Y/\Delta X$，预算约束线的斜率为 $-P_X/P_Y$，因此有 $\Delta Y/\Delta X=-P_X/P_Y$，两边同时取负号得到 $-\Delta Y/\Delta X=P_X/P_Y$，而 $-\Delta Y/\Delta X=MRS_{XY}$，又因为 $MRS_{XY}=MU_X/MU_Y$，所以 $MU_X/MU_Y=P_X/P_Y$，该式即为序数效用论下消费者均衡的条件。

4. 基数效用论者认为，商品的需求价格取决于商品的边际效用。某种商品的边际效用越大，则消费者为购买该商品所愿意支付的价格就越高；反之就越低。随着消费者对某一种商品消费量的增加，该商品的边际效用递减，相应的消费者所愿意支付的价格也就越来越低。另外，在基数效用论下消费者均衡的条件为：$MU/P=\lambda$，它表示消费者对任何一种商品的最优购买数量应该使最后一单位货币购买该商品所带来的边际效用和这一单位货币自身的边际效用相等，随着消费量的增加，MU 是递减的，为了保证均衡条件的实现，在货币的边际效用 λ 不变的前提下，价格必然与边际效用同方向同比例变化，在货币收入不变的前提下，商品的需求价格 P 必然随需求量的增加而上升。基于上述两种观点，需求曲线必然向右下方倾斜。

5. 序数效用论的消费者均衡在无差异曲线和预算线相切之处，均衡条件是 $MUS_{XY}=MU_X/MU_Y=P_X/P_Y$，使用上述均衡点的获得方法，不断变化 X_1 的价格，则可以找到相应的均衡点，也就可以找到在这一价格水平下所对应的消费量。将价格和消费量的对应值表示在相应的坐标平面内，即为需求曲线。

第四章

Chapter 4

生产者行为理论

【考点归纳】

1. 了解企业的短期生产函数和长期生产函数的特点和性质。

2. 掌握总产量、平均产量和边际产量的相互关系及其曲线。

3. 掌握生产三个阶段的划分，并且能够说明哪个阶段是生产的合理阶段。

4. 掌握等产量线的含义和特征。

5. 应用等成本线和等产量线，分析成本在一定条件下的产量最大化和产量在一定条件下的成本最小化，从而得出最优要素组合。

【要点解读】

1. 生产函数

生产函数是指在技术水平一定的条件下，生产过程中所投入的各种生产要素的数量与所能带来的最大产量之间的关系。

2. 生产周期

生产周期按照生产规模是否能够进行调整分为短期与长期：短期是指生产规模不能及时进行调整，至少有一种生产要素的数量是固定不变的时间周期；长期是指生产规模可以进行调整，全部生产要素的数量均可变的时间周期。

3. 短期中生产函数

短期中生产函数分为：总产量函数、平均产量函数和边际产量函数。

(1)总产量用 TP 表示，TP_L 表示劳动的总产量，即在技术水平一定的条件下，资本投入量不变，劳动投入量与所能带来的最大产量之间的关系；TP_K 表示资本的总产量，即在技术水平一定的条件下，劳动投入量不变，资本投入量与所能带来的最大产量之间的关系。

(2)平均产量用 AP 表示，即平均每1单位要素投入量所能带来的产量。劳动的平均产量 $AP_L=TP_L/L$，资本的平均产量 $AP_K=TP_K/K$。

(3)边际产量用 MP 表示，即要素投入量每变化1单位所引起的总产量的变化量。劳动的边际产量 $MP_L=\Delta TP_L/\Delta L$，资本的边际产量 $MP_K=\Delta TP_K/\Delta K$。

4. 总产量、平均产量与边际产量的关系

(1)平均产量是总产量曲线上的点到原点连线线段的斜率。

(2)边际产量是总产量曲线上点的斜率，即过这个点切线的斜率；边际产量反应总产量的增减性：边际产量大于零，总产量上升；边际产量小于零，总产量下降；边际产量等于零，总产量达到最大值。边际产量反应总产量的变化速度：边际产量上升；总产量以递增的速度上升；边际产量下降，总产量以递减的速度上升。

(3)当边际产量大于平均产量时，平均产量上升；当边际产量小于平均产量时，平均产量下降。二者相交于平均产量的最大值点。

5. 边际报酬递减规律

在技术水平一定的条件下，将一种可变要素投入到其他一种或几种不变要素中去，最初随着这种可变要素投入量的不断增加，每增加1单位要素投入所带来的总产量的增加量是递增的，在达到某一特定值后，每增加1单位要素投入所带来的总产量的增加量是递减的。

6. 生产合理阶段

生产合理阶段为第二阶段。根据总产量、平均产量和边际产量的相互关系，将生产过程划分为三个阶段：第一阶段，原点到平均产量的最大值点；第二阶段，平均产量最大值点到边际产量为零点；第三阶段，边际产量为零点以后的部分。在第一阶段中，总产量上升，继续增加要素投入生产进入第二阶段；在第二阶段中，总产量继续增加，并且达到最大值，要素继续增加使生产进入第三阶段；在第三阶段中，总产量开始下降，意味着要素投入量过多，应减少要素投入，使生产回到第二阶段，所以第二阶段是生产的合理阶段。

7. 等产量线

等产量线是指在技术水平一定的条件下，能够带来相同产量的不同要素组合点的轨迹。其具有四个特征：(1)负斜率，向右下方倾斜，其斜率为 $\Delta K/\Delta L$；(2)任意两条等产量线不能相交；在坐标平面内，存在无数条等产量线，离原点越近，产量水平越低，离原点越远，产量水平越高；(4)等产量线凸向原点。

8. 边际技术替代率是指在技术水平一定的条件，维持相同的产量，增加1单位某种生产要素的投入所能替换掉的另一种生产要素的数量。$MRTS_{LK}=-\Delta K/\Delta L=MP_L/MP_K$，其数学意义为等产量线斜率的绝对值。

边际技术替代率递减规律可表述为：在技术水平一定的条件，维持相同的产量，随着某种生产要素投入量的不断增加，每增加 1 单位这种要素的投入所能替换掉的另一种生产要素的数量是递减的。边际技术替代率递减是由于边际报酬递减规律引起的，它同时决定了等产量线凸向原点。

8. 等成本线

等成本线是指在要素价格和成本既定的条件下，生产者所能购买到的不同要素组合点的轨迹，其方程为：

$$C=LP_L+KP_K$$

斜率为$-P_L/P_K$。当要素价格不变时，成本的变动会引起等成本线发生平行移动；当成本不变，要素价格发生变化时，等成本线会绕着它与横轴或纵轴的交点发生旋转。

9. 长期中生产者均衡的形成

在长期中，最优要素投入发生在等成本线与等产量线的切点。在切点位置，等产量线和等成本线的斜率相等，即$\Delta K/\Delta L=-P_L/P_K$，也可表示为$MP_L/MP_K=P_L/P_K$，整理得：

$$MP_L/P_L=MP_K/P_K$$

【习题精编】

一、名词解释

1. 生产函数　2. 短期　3. 长期
4. 边际报酬递减规律　5. 总产量　6. 平均产量
7. 边际产量　8. 等产量线　9. 等成本线
10. 边际技术替代率　11. 边际技术替代率递减规律
12. 扩展线　13. 规模报酬变化

二、判断题

1. 可变要素投入是指价格和数量都可以发生变化的投入。(　　)
2. 只有当边际产量下降时，总产量才会下降。(　　)
3. 可变要素投入的边际收益递减，说明要增加相同数量的产出，可变投入应以递减比例增加。(　　)
4. 等产量线与等成本线相交，说明要保持原有的产出水平不变，应当减少成本支出。(　　)
5. 为实现产量一定，成本最低的原则应使每一种要素的边际产量彼此相等。(　　)
6. 如果各种投入增加的比例是 10%，产出增加的比例是 8%，说明这是可变要素投入处于收益递减阶段。(　　)
7. 边际产量是指增加一个产出所需增加的要素投入数量。(　　)
8. 如果可变要素投入出现收益递减，说明总产量一定是下降的。(　　)
9. 由于边际收益递减规律的作用，边际产量总是会小于平均产量。(　　)

10. 边际产量曲线总是与平均产量曲线相交于平均产量曲线的极大值点。(　　)

11. 只要总产量是下降的,那么边际产量必然是负值。(　　)

12. 生产函数是表示企业在一定时期内在技术水平不变的情况下,投入各种生产要素所能达到的最大产出。(　　)

13. 在同一条等产量线上的任何一点的要素投入组合只能代表一个产量。(　　)

14. 如果边际技术替代率是常数,说明各种要素的替代比例是不变的。(　　)

15. 只要边际产量上升,平均产量也一定上升。(　　)

16. 如果总产量达到了极大值,那么边际产量曲线就会与平均产量曲线相交。(　　)

17. 经济学中的长期与短期是按时间长短来划分的。(　　)

三、选择题

1. 在经济学中,短期是指(　　)。

A. 1 年或 1 年以内的时期

B. 在这一时期内所有投入要素均是固定不变的

C. 在这一时期内所有投入要素均是可以变动的

D. 在这一时期内,生产者来不及调整全部生产要素的数量,至少有一种生产要素的数量是固定不变的

2. 下列有关厂商的利润、收益和成本的关系的描述正确的是(　　)。

A. 收益多,成本高,利润就大　　B. 收益多,成本高,利润就小

C. 收益多,成本低,利润就大　　D. 收益多,成本低,利润就小

3. 如果连续地增加某种生产要素的投入,在总产量达到最大时,边际产量曲线(　)。

A. 与纵轴相交　　B. 经过原点

C. 与平均产量曲线相交　　D. 与横轴相交

4. 当 AP_L 为正且递减时,MP_L 是(　　)。

A. 递减　　B. 负的　　C. 零　　D. 上述情况均有可能

5. 下列说法中错误的是(　　)。

A. 只要总产量减少,边际产量一定是负数

B. 只要边际产量减少,总产量一定也减少

C. 随着某种生产要素投入量的增加,边际产量和平均产量增加到一定程度将趋于下降,其中边际产量的下降一定先于平均产量

D. 边际产量曲线一定在平均产量曲线的最大值点与之相交

6. 在短期生产过程中,当 TP_L 达到最大值而开始递减时,MP_L 处于(　　)阶段。

A. 递减且 $MP_L<0$　　B. 递减且 $MP_L>0$

C. $MP_L=0$　　D. 无法确定 MP_L 值

7. 当劳动的总产量(TP_L)下降时,(　　)。

A. AP_L递减且$AP_L<0$　　B. $MP_L=0$

C. MP_L递减且$MP_L<0$　　D. $AP_L=0$

8. 对于生产函数$Q=f(L,k)$，当平均产量AP_L达到最大值时，(　　)。

A. 总产量(TP_L)达到最大值

B. 总产量(TP_L)仍处于上升阶段，还未达到最大值

C. 边际产量(MP_L)达到最大值

D. 边际产量$MP_L=0$

9. 当边际产量MP_L为零时，下列各项中正确的是(　　)。

A. $AP_L=0$　　B. TP_L达到最大值

C. TP_L递减　　D. AP_L递增

10. 当某厂商雇用第3个工人时，其每周产量从213个单位增加到236个单位，雇佣第4个工人时每周产量从236个单位增加到301个单位，则其面临的是(　　)。

A. 规模收益递减　　B. 边际成本递减

C. 边际收益递增　　D. 边际收益递减

11. 当劳动的边际产量(MP_L)为负值时，生产处于(　　)。

A. 劳动投入的第Ⅰ阶段

B. 资本投入的第Ⅰ阶段

C. 劳动投入的第Ⅱ阶段

D. 劳动投入的第Ⅲ阶段

12. 当边际产量大于平均产量时，(　　)。

A. 平均产量增加　　B. 生产技术水平不变

C. 平均产量不变　　D. 平均产量达到最低点

13. 下列说法中正确的是(　　)。

A. 生产要素的边际技术替代率递减是由规模报酬递减造成的

B. 边际收益递减是由规模报酬递减造成的

C. 规模报酬递减是由边际收益递减规律造成的

D. 生产要素的边际技术替代率递减是由边际收益递减规律造成的

14. 如果某厂商增加1单位劳动使用能够替换掉4单位资本，仍生产同样的产量，则MRS_{LK}为(　　)。

A. $-1/4$　　B. -4　　C. -1　　D. -6

15. 等产量曲线是指在这条曲线上的各点代表(　　)。

A. 为生产同等产量投入要素的各种组合比例是不能变化的

B. 为生产同等产量投入要素的价格是不变的

C. 不管投入各种要素数量如何，产量总是相等的

D. 投入要素的各种组合所能生产的产量是相等的

16. 等成本线平行向右移动表明(　　)。

A. 产量提高了

B. 成本增加了

C. 生产要素的价格按相同比例提高了

D. 生产要素的价格按不同比例提高了

17. 等成本线围绕它与纵轴的交点逆时针旋转表明(　　)。

A. 生产要素 Y 的价格上升了

B. 生产要素 X 的价格上升了

C. 生产要素 X 的价格下降了

D. 生产要素 Y 的价格下降了

18. 在生产者均衡点上,(　　)。

A. $MRTS_{LK}=P_L/P_K$　　B. $MP_L/P_L=MP_K/P_K$

C. 等产量曲线与等成本曲线相切　　D. 上述都正确

19. 如果等成本线与等产量线没有交点,那么要生产等产量线所表示的产量,应该(　　)。

A. 增加投入　　B. 保持原投入不变

C. 减少投入　　D. 上述情况均不正确

20. 以下有关生产要素最优组合,即成本最小化原则的描述正确的一项是(　　)。

A. $MP_L/P_L=MP_K/P_K$　　B. $MRTS_{LK}=P_L/P_K$

C. $P_L=P_K$　　D. A 和 B 均正确

21. 如果确定了最优的生产要素组合,(　　)。

A. 在生产函数已知时可确定一条总成本曲线

B. 就可以确定一条总成本曲线

C. 在生产要素价格已知时可确定一条总成本曲线

D. 在生产函数和生产要素价格已知时可以确定总成本线上的一个点

22. 当出现 $MP_L/P_L<MP_K/P_K$ 这种情况时,厂商应该(　　)降低成本而又维持相同产量。

A. 增加劳动投入　　B. 提高规模经济水平

C. 增加资本投入　　D. 提高劳动的边际产量

23. 经济学中短期与长期划分取决于(　　)。

A. 时间长短　　B. 可否调整产量

C. 可否调整产品价格　　D. 可否调整生产规模

24. 在规模报酬不变阶段,若劳动的使用量增加 5%,而资本的使用量不变,则(　　)。

A. 产出增加 5%　　B. 产出减少 5%

C. 产出的增加少于 5%　　D. 产出的增加大于 5%

25. 要达到规模报酬递减，应该（　　）。

A. 按比例连续增加各种生产要素

B. 连续地投入某种生产要素且保持其他生产要素不变

C. 不按比例连续增加各种生产要素

D. 以上均不对

26. 当 $Q=2.5L^{0.7}K^{0.6}$ 时，其规模报酬应该是（　　）。

A. 递增　　B. 递减

C. 不变　　D. 无法确定

27. 当边际收益下降时，厂商应该（　　）。

A. 提高生产过程的效率　　B. 降低可变投入与固定投入的比例

C. 惩罚懒惰行为　　D. 使用优质生产要素

28. 某厂在各种产出水平上都显示出了规模报酬递减的情形，于是厂领导决定将其分为两个规模相等的小厂，则拆分后总产出将会（　　）。

A. 增加　　B. 减少　　C. 不变　　D. 无法确定

29. 当厂商以最小成本实现了既定的产量，则它（　　）。

A. 获得了最大利润　　B. 总收益最大化

C. 经济利润为零　　D. 无法判定其是否实现最大利润

四、简答题

1. 边际产量曲线、总产量曲线和平均产量曲线之间存在怎样的关系？

2. 等产量曲线有哪些特征？这些特征的经济含义是什么？

3. 试述理性的生产厂商应如何把生产确定在哪个阶段。

4. 请比较说明消费者行为理论与生产者行为理论。

5. 厂商实现利润最大化与生产要素最优组合之间的关系是怎样的？

五、计算题

1. 如果某企业的短期生产函数为 $Q=-0.1L^3+3L^2+8L$，其中，Q 为每月产量，单位为吨，L 为雇佣工人数，试计算：

(1)若想使劳动的平均产量达到最大，该企业应雇佣多少工人？

(2)若想使劳动的边际产量达到最大，该企业应雇佣多少工人？

2. 已知某厂商的生产函数为 $Q=L^{3/8}K^{5/8}$，同时 $P_L=3$，$P_K=5$，求：

(1)产量 $Q=25$ 时的最低成本及使用的 L 和 K 的数量。

(2)求总成本为 160 时的均衡产量及使用的 L 和 K 的数量。

六、论述题

1. 结合图形来分析说明厂商的生产阶段的划分。

2. 用等成本线和等产量线来分析说明厂商怎样确定最优要素的投入组合。

3. 阐述规模报酬的含义、变动规律及其变动的原因，并说明规模报酬和生产要素报酬的区别。

【习题答案】

一、名词解释

1. 生产函数：在技术水平不变的条件下，一定时期内厂商在生产过程中所投入的各种生产要素的数量与所能生产出的最大产量之间的关系。

2. 短期：厂商不能及时调整生产规模，至少有一种生产要素的数量是固定不变的时间周期。

3. 长期：是指生产者可以调整全部生产要素数量的时期，生产规模可变的时间周期。

4. 边际报酬递减规律：在技术水平一定的条件下，将一种可变要素投入到其他一种或几种不变要素中去，最初随着这种可变要素投入量的不断增加，每增加 1 单位要素投入所带来的总产量的增加量是递增的，在达到某一特定值后，每增加 1 单位要素投入所带来的总产量的增加量是递减的。

5. 总产量：是指一定的要素投入量可以生产出来的最大产量。

6. 平均产量：是指每单位要素投入所生产的产量。

7. 边际产量：是指增加 1 单位要素投入所增加的产量。

8. 等产量线：表示在技术条件不变的条件下，可以生产相同产量的不同要素组合点的轨迹。

9. 等成本线：表示在生产要素价格既定的条件下，厂商花费相同的成本可以购买到的两种生产要素的不同数量组合。

10. 边际技术替代率：表示在保持产量水平不变的条件下，增加 1 单位的某种要素的投入可以替换掉的另一种生产要素的数量。

11. 边际技术替代率递减规律：是指在保持产量不变的条件下，随着一种生产要素投入数量的不断增加，每增加 1 单位该要素所替换掉的另一种要素的数量是递减的。

12. 扩展线：在要素价格既定的条件下，成本发生变动使等成本线发生平行移动，从而形成一系列新的生产者均衡点，这些点的连线即扩展线。

13. 规模报酬变化：在技术水平一定的条件下，按相同比例增加各种要素的投入所引起的产量变化情况。

二、判断题

1～5　××√√×　6～10　××××√　11～15　√√√√×　16～17　××

三、选择题

1～5　DCDDB　6～10　ACBBC　11～15　DADBD　16～20　BCDAD

21～25　DCDCA　26～29　ABAD

四、简答题

1.(1)在边际收益递减规律的作用下，边际产量曲线、平均产量曲线、总产量线都呈现先上升后下降的趋势，达到最高点的先后顺序是边际产量曲线、平均产量曲线、总产量曲线。

(2)由于总产量等于所有边际产量之和，所以在边际产量曲线上升阶段，总产量曲线以越来越快的速度上升；当边际产量曲线下降时，总产量曲线以越来越慢的速度上升；当边际产量曲线为零时，总产量曲线达到最高点，在边际产量曲线为负的阶段，总产量曲线不断下降。

(3)边际产量曲线与平均产量曲线交于平均产量曲线的最高点。在此之前，边际产量拉着平均产量曲线上升，在此之后，边际产量拉着平均产量曲线下降。

2.(1)等产量曲线有无数多条，其中每一条代表着一个产量值，并且离原点越远，代表的产量值越大。这个特征表明，在投入组合可以任意改变的条件下，可以存在无数条等产量线，在这些等产量曲线中，离原点越远，生产过程中投入的劳动和资本的数量越多，从而它们能生产的产量也越大。

(2)任意两条等产量曲线不相交。这个特征表明，在生产技术水平既定的条件下，一个特定的生产要素组合点所能生产的最大产量只能是一个数值，因而过这一点的等产量曲线也只能有一条。

(3)等产量曲线向右下方倾斜。这个特征表明，理性的生产者应把两种投入组合置于合理的投入区域之中。

(4)等产量曲线是凸向原点的。这个特征表明，边际技术替代率存在递减规律。

3.根据总产量、平均产量和边际产量的相互关系，将生产过程划分为三个阶段：第一阶段，原点到平均产量的最大值点；第二阶段，平均产量最大值点到边际产量为零点；第三阶段，边际产量为零点以后的部分。在第一阶段中总产量上升，继续增加要素投入生产进入第二阶段，在第二阶段中总产量继续增加，并且达到最大值，要素继续增加使生产进入第三阶段；在第三阶段中总产量开始下降，意味着要素投入量过多，应减少要素投入，使生产回到第二阶段，所以第二阶段是生产的合理阶段。

4.(1)消费者行为理论和生产者行为理论都假设行为者为理性的经济人，追求自身利益的最大化，即消费者追求最大效用，生产者追求最大利润。

(2)消费者行为理论的目的是解释消费者行为，并把分析结果总结在需求曲线中。而生产者行为理论的目的则是解释生产者行为，并把分析结果总结在供给曲线中。

(3)在消费者行为理论中，序数效用论的分析工具为无差异曲线和预算约束线，两者的切点为消费者的均衡点。生产者行为理论的分析工具也类似，如等产量线和等成本线，二者的切点为生产者均衡。

5.(1)生产要素最优组合问题即厂商如何选择投入组合去实现某个产量的成本最小化问题，厂商为了实现利润最大化，必然要求实现其选择产量的成本最小化。因此，实现生产要素最优组合是厂商实现利润最大化的必要条件。

(2)厂商实现生产要素的最优组合，即实现某个产量的成本最小化时，未能实现利润最大化，也就是说，生产要素最优组合不是利润最大化的充分条件。

五、计算题

1. (1)劳动的平均产量达到最大值，即 AP_L 的一阶导数为零。

$AP_L=Q/L=(-0.1L^3+3L^2+8L)/L=-0.1L^2+3L+8$。

$dAP_L/dQ=-0.2L+3=0$，解得 $L=15$。

(2)劳动的边际产量达到最大值，即 MP_L 的一阶导数为零。

$MP_L=dQ/dL=-0.3L^2+6L+8$。

$dMP_L/dQ=-0.6L+6=0$，解得 $L=10$。

2. 产量函数分别对 L 和 K 求偏导数得 MP_L 和 MP_K。

$MP_L=3/8L^{-5/8}K^{5/8}$，$MP_K=5/8L^{3/8}K^{-3/8}$。

根据最优要素使用条件为 $MP_L/MP_K=P_L/P_K$，解得 $L=K$。

(1)将 $L=K$ 代入产量函数中得 $L=K=25$，再将 $L=K=25$ 代入成本方程 $C=3L+5K$，得 $C=200$。

(2)将 $L=K$ 代入成本函数 $160=3L+5K$ 中，得 $L=K=20$，再将 $L=K=20$ 代入产量函数得 $Q=20$。

六、论述题

1. 厂商的生产阶段的划分如图 4.1 所示。根据总产量、平均产量和边际产量的变化，把生产分为三个阶段：Ⅰ、Ⅱ、Ⅲ。当劳动投入量从 0 增加到 L_2 时，平均产量从零到最大，这一阶段第Ⅰ为生产阶段。当劳动投入量从 L_1 增加到 L_3，边际产量从正值减少到 0，总产量增加到最大值。这一阶段为第Ⅱ生产阶段。当劳动投入量增加到 L_3 后，边际产量为负的值，总产量随劳动投入的增加而下降，这一阶段为第Ⅲ生产阶段。对于生产而言，为了达到技术上的效率，应该把生产推进到第Ⅱ生产阶段。至于推进到哪一点则取决于生产要素的价格。如果相对于资本的价格而言，劳动的价格较高，则劳动的投入量靠近 L_2 点对于生产者较有利；若对于资本的价格而言，劳动的价格较低，则劳动的投入量靠近 L_3 点对于生产者较有利。但是不管怎样，厂商都不应该把生产维持在第Ⅰ阶段和第Ⅲ阶段。

有些行业的生产不存在这样的三阶段的划分。这些行业可能也不存在边际产量为负的阶段，而边际产量一直是处于递减的。其边际产量是递减的，但是边际产量始终是正值。

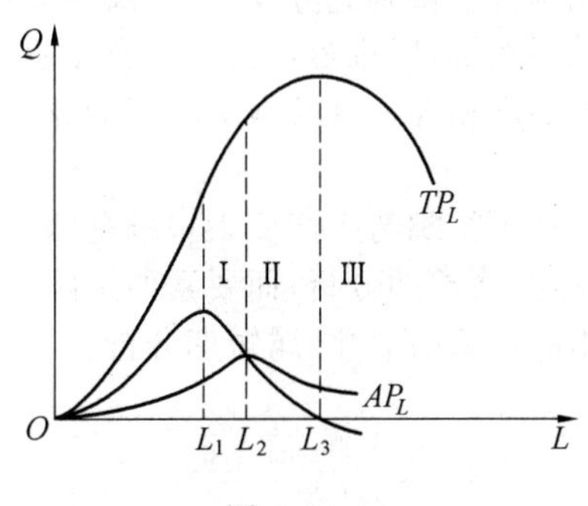

图 4.1

2. 等成本线是指在一给定的生产时期中，在要素价格和成本既定的条件下，厂商所能购买的两种要素组合点的轨迹。其方程可表示为 $C=LP_L+KP_K$，等成本线也称为厂商的预算线，表示厂商对两种生产要素的购买不能超过总成本的限制。

等产量线是在技术水平一定的条件下，能够带来相同产量的不同要素组合点的轨迹。

要达到生产者均衡，即实现要素的合理利用，必然发生在等成本线和等产量线的切点位置。达到要素投入组合均衡的必要条件是：资本和劳动两种生产要素的边际技术替代率等于这两种生产要素的价格之比，即 $MRTS_{XY}=P_L/P_K$。在切点位置，等产量曲线与等成本曲线相切，其斜率是相等的，由于等产量曲线上任意一点切线的斜率的绝对值为边际技术替代率，等成本线的斜率为负的劳动和资本的价格之比为：$\frac{\Delta K}{\Delta L}=-\frac{P_L}{P_K}$，两边同时取负号，得 $-\frac{\Delta K}{\Delta L}=\frac{P_2}{P_K}$。而 $-\frac{\Delta K}{\Delta L}=MRTS_{LK}=\frac{MP_L}{MP_K}$，所以 $-\frac{MP_L}{MP_K}=-\frac{P_L}{P_K}$，即 $\frac{MP_L}{P_L}=\frac{MP_K}{P_K}$。

这一点是达到等产量所表示的产量所花费的最小成本。在要素价格既定的情况下，若厂商的成本开支低于现在的等成本线，就不可能达到等产量线索表示的产出水平。若厂商的成本开支高于现在的等成本线，虽然能达到等产量线所表示的产量水平，但是会造成浪费，厂商也不会实现利润最大化。利润最大化的点只能发生在二者的切点位置。

3. 规模报酬是指在技术水平和要素价格不变的条件下，当生产过程中所投入的要素都按相同比例增加或减少时，生产规模变动会引起产量变动。

当讨论的范围扩大到厂商外部可能变动情况，就是规模经济问题。规模报酬与规模经济有关，但又不完全相同，规模报酬递增反应了平均成本曲线下降的趋势。因此，在行业生产规模扩大时，如果厂商必须购买的要素价格上涨，这可能出现规模经济递增，但不能出现规模经济。

当生产规模发生变动时，一般会出现规模报酬递增、规模报酬不变和规模报酬递减三种情况。如果厂商所有投入的要素按特定比例增加，产出增加的比例超过要素投入增加的比例，称为规模报酬递增，表明此时厂商每单位要素投入的报酬逐渐增加；如果所有的投入要素以某一给定比例增加，产出也以完全相同的比例增加，则称为规模报酬不变，此时，厂商每单位要素投入的报酬是固定不变的；如果厂商产出增加的比例小于所投入要素增加的比例时，称为规模报酬递减，此时，厂商每单位要素投入所带来的产量逐渐减少。

导致厂商规模报酬递增的原因主要是生产专业化程度的提高、生产要素的不可分割性、生产规模扩大后管理更合理等。规模报酬不变的原因是在规模报酬递增段的后期，大规模生产的优越性已得到充分发挥，厂商逐渐用完了种种规模优势，同时，厂商采取各种措施努力减少规模不经济，以推迟规模报酬递减阶段的到来。在这一阶段，厂商规模增加幅度与报酬（产量）增加幅度相等。规模报酬递减的原因主要是规模过大造成管理费用的增加和管理效率的降低等。

规模报酬与生产要素报酬是两个不同的概念，规模报酬变化是当厂商规模变动时，产量如何变化，属长期分析；而要素的边际报酬考察的是在既定的生产规模下，增加可变要素的投入时相应产量的变化，属短期分析。

第五章

Chapter 5

成本理论

【考点归纳】

1. 掌握生产成本和机会成本，显形成本与隐含成本，固定成本与变动成本。

2. 理解总成本、平均成本和边际成本的关系，短期成本与长期成本的关系，边际成本和平均成本的关系。

【要点解读】

1. 机会成本与会计成本的区别

机会成本并不是实际发生的成本，而是有限的资源，当你将它用到某一项活动时，而丧失掉的将其用于其他活动的最高收益。举例说明：一块土地，你可以用来种粮食，也可以用来开发房地产，若种粮食的收益是 100，开发房地产的收益是 1 000，那么你将这块地用来种粮食时，你的机会成本就是 1 000，当你将这块地用来开发房地产时，你的机会成本就是 100。会计成本是实际发生的成本。

2. 固定成本与沉淀成本的区别

沉没成本是财务分析中的一个概念。比如，A 公司投资某项目，2006 年曾聘请财务咨询机构进行决策分析，支付咨询费 10 万元。财务公司认为该项目没有投资价值，所以该项目搁置。2008 年经济状况发生了变化，需要对该项目重新评估，预计未来现金流量的时候，2006 年支付的 10 万元咨询费是无关成本，因为不管是不是投资该项目，这 10 万元的支出已经发生，不影响今后的现金流量，所以这 10 万元咨询费就是沉没成本；在分析该项目经营现金流量时，在未来 3 年，不管销售量大小，每年都需要发生设备费用 20 万元，这 20 万元就属于固定成本。

3. **生产函数与成本方程的区别**

生产函数是指在一定时期内，在技术水平不变的情况下，生产中所使用的各种生产要素的数量与所能生产的最大产量之间的关系。在生产函数中涉及成本方程。成本方程表示厂商的生产成本与生产要素的投入量之间的关系。

成本是厂商投入到生产中去的按市场价格计算的要素价值的总和。如果用 C 表示成本，X_i 表示投入的第 i 种要素量，P_i 表示第 i 种要素的价格，则有：

$$C=\sum_{i=1}^{n}P_i\cdot X_i$$

如果只有劳动(L)和资本(K)两种要素投入，成本方程就简化为：

$$C=w\cdot L+r\cdot K$$

成本的高低取决于投入的要素和要素价格两个因素。很明显，要素价格的上升必然提高成本，企业的技术进步则使得同样的产出消耗更少的要素而降低成本。假定要素价格不变，成本高低就取决于要素投入量的多少。

4. **短期成本曲线与长期成本曲线的区别**

短期成本与产量有关，因此可以得到这些成本与产量的关系曲线，即成本曲线。

短期成本曲线的特征：①可变成本曲线从原点出发，随着产量的增加而增加，递增速度先减后增；不变成本曲线不随产量变动而变动，因而是一条平行于产量轴的直线；总成本与可变成本之间的距离为不变成本，其形状及变动规律与可变成本曲线相同。②平均成本曲线与平均可变成本曲线随着产量的增加先递减后增加，即呈现U形。③边际成本曲线随着产量增加先递减后增加，也呈现U形。④边际成本曲线、平均成本曲线和平均可变成本曲线都相交于三者的最低点。

长期总成本曲线是短期总成本曲线的包络线，即长期总成本曲线与每条短期总成本曲线相切，从下方将无数条短期总成本曲线包围起来。长期总成本 LTC 曲线是从原点出发向右上方倾斜的。当产量为零时，长期总成本为零，以后随着产量的增加，长期总成本是增加的。长期总成本 LTC 曲线的斜率先以递增速度增加，然后以递减速度增加，经拐点之后，又变为以递增的速度增加。LTC 曲线的形状主要由规模经济因素决定。在开始生产时，要投入大量的生产要素，而当产量减少时，这些生产要素无法得到充分利用，因此，LTC 曲线很陡。随着产量的增加，生产要素开始得到充分利用，这时成本增加的比率小于产量增加的比率，表现为规模报酬递增。最后，由于规模报酬递减，成本的增加比率又大于产量增加的比率。可见，LTC 曲线的特征是由规模报酬的变化所决定的。

【习题精编】

一、名词解释

1. 会计成本　　2. 机会成本　　3. 显性成本　　4. 隐性成本

5.私人成本　　6.社会成本　　7.增量成本　　8.沉没成本

9.固定成本　　10.可变成本　　11.平均成本　　12.边际成本

二、判断题

1.等产量线与等成本线相交，说明要保持原有的产出水平不变，应当减少成本开支。(　　)

2.生产函数与投入的价格变化没有直接关系的。(　　)

3.因为厂房的折旧是按月提取的，不生产就不打入成本，所以，折旧是可变成本。(　　)

4.边际成本大于平均成本，平均成本一定上升。(　　)

5.短期平均成本绝不会小于长期平均成本。(　　)

6.长期成本曲线上的每一点都与短期成本曲线上的某一点相对应，但短期成本曲线上并非每一点都与长期成本曲线上的某一点相对应。(　　)

7.长期平均成本曲线在达到一定的产量水平以后趋于上升，这是由边际收益递减规律所造成的。(　　)

8.对于一个既定的产量，长期平均成本等于短期平均成本，长期平均成本比长期边际成本大，长期平均成本在上升。(　　)

9.如果某企业生产函数是 $X=A^{0.4}B^{0.5}$，要素价格是常数，则长期边际成本等于长期平均成本。(　　)

三、选择题

1.随着产量的增加，短期固定成本(　　)。

A.增加　　B.减少

C.不变　　D.先增后减

2.已知产量为 8 个单位时，总成本为 80 元，当产量增加到 9 个单位时，平均成本为 11 元，那么此时的边际成本为(　　)。

A.1 元　　B.19 元

C.88 元　　D.20 元

3.短期平均成本曲线呈 U 形，是因为(　　)。

A.外部经济问题　　B.内部经济问题

C.规模收益问题　　D.边际收益(报酬)问题

4.关于长期平均成本和短期平均成本的关系，以下正确的是(　　)。

A.长期平均成本线上的每一点都与短期平均成本线上的某一点相对应

B.短期平均成本线上的每一点都在长期平均成本线上

C.长期平均成本线上的每一点都对应着某一条短期平均成本线的最低点

D 每一条短期平均成本线的最低点都在长期平均成本曲线上

5. 假定两个职工一个工作日可以生产 200 千克大饼，6 个职工一个工作日可以生产 400 千克大饼，则（　　）。

A. 平均可变成本是下降的　　B. 平均可变成本是上升的

C. 边际产量比平均产量高　　D. 劳动的边际产量是 200 千克

6. 对于一个既定的产量，长期平均成本等于短期平均成本，长期平均成本比长期边际成本大，则（　　）。

A. 长期平均成本在上涨　　B. 长期平均成本在下降

C. 短期平均成本处于最小点　　D. 短期平均成本等于长期边际成本

7. 用自有资金也可计算利息收入，这种利息从成本角度看是（　　）。

A. 固定成本　　B. 隐性成本

C. 会计成本　　D. 生产成本

8. 如果一个企业经历规模报酬不变阶段，则 LAC 曲线是（　　）。

A. 上升的　　B. 下降的

C. 垂直的　　D. 水平的

9. 在从原点出发的直线与 TC 的切点上，AC（　　）。

A. 是最小的　　B. 等于 MC

C. 等于 $AVC+AFC$　　D. 上述都正确

10. 假定某企业全部成本函数为 $TC=30\ 000+5Q-Q^2$，Q 为产出数量. 那么 TFC 为（　　）。

A. 30 000　　B. $5Q-Q^2$

C. $5-Q$　　D. $30\ 000/Q$

11. 生产者为了生产一定数量的产品所放弃的使用相同的生产要素在其他生产用途中所得到的最高收入，这一成本指（　　）。

A. 会计成本　　B. 隐成本

C. 机会成本　　D. 边际成本

12. 反映生成产要素投入量和产出水平之间的关系称为（　　）。

A. 总成本曲线　　B. 生产函数

C. 生产可能性曲线　　D. 成本函数

13. 经济学中短期与长期的划分取决于（　　）。

A. 时间长短　　B. 可否调整产品价格

C. 可否调整产量　　D. 可否调整生产规模

14. 不随着产量变动而变动的成本称为（　　）。

A. 平均成本　　B. 固定成本

C. 长期成本　　D. 总成本

15. 在长期中,下列成本中不存在的是(　　)。

A. 固定成本　　B. 机会成本

C. 平均成本　　D. 隐成本

16. 随着产量的增加,平均固定成本(　　)。

A. 在开始时减少,然后趋于增加　　B. 一直趋于减少

C. 一直趋于增加　　D. 在开始时增加,然后趋于减少

17. 固定成本是指(　　)。

A. 厂商在短期内必须支付的不能调整的生产要素的费用

B. 厂商要增加产量所要增加的费用

C. 厂商购进生产要素时所要支付的费用

D. 厂商在短期内必须支付的可能调整的生产要素的费用

18. 某厂商生产 5 件衣服的总成本为 1 500 元,其中厂商和机器折旧费用为 500 元,工人工资及原材料费用为 1 000 元,那么平均可变成本为(　　)。

A. 300 元　　B. 100 元

C. 200 元　　D. 500 元

19. 全部成本等于(　　)。

A. 固定成本与平均成本之和　　B. 可变成本与平均成本之和

C. 固定成本与可变成本之和　　D. 平均成本与边际成本之和

20. 平均成本等于(　　)。

A. 平均固定成本与平均边际成本之和　　B. 平均固定成本与平均总成本之和

C. 平均固定成本与平均可变成本之和　　D. 平均可变成本与平均总成本之和

21. 假定某企业全部成本函数为 $TC=30\ 000+5Q-Q^2$,Q 为产出数量,那么 TVC 为(　　)。

A. 30 000　　B. $5Q-Q^2$

C. $5-Q$　　D. $30\ 000/Q$

22. 假定某企业全部成本函数为 $TC=30\ 000+5Q-Q^2$,Q 为产出数量,那么 AFC 为(　　)。

A. 30 000　　B. $5Q-Q^2$

C. $5-Q$　　D. $30\ 000/Q$

23. 收益是指(　　)。

A. 成本加利润　　B. 成本

C. 利润　　D. 利润减成本

24. 利润最大化的原则是(　　)。

A. 边际收益大于边际成本　　B. 边际收益小于边际成本

C. 边际收益等于边际成本　　D. 边际收益与边际成本没有关系

25. 已知产量为500时，平均成本为2元，当产量增加到550时，平均成本为2.5元，在这一产量变化范围内，边际成本(　　)。

A. 随着产量的增加而增加，并小于平均成本

B. 随着产量的增加而减少，并大于平均成本

C. 随着产量的增加而减少，并小于平均成本

D. 随着产量的增加而增加，并大于平均成本

26. 当产量为4时，总收益为100；当产量为5时，总收益为120，此时边际收益为(　　)。

A. 20　　B. 100

C. 120　　D. 25

27. 当劳动的总产量下降时(　　)。

A. 平均产量是递减的　　B. 平均产量为零

C. 边际产量为零　　D. 边际产量为负

28. 如果连续地增加某种生产要素，在总产量达到最大时，边际产量曲线(　　)。

A. 与纵轴相交　　B. 经过原点

C. 与横轴相交　　D. 与平均产量曲线相交

29. 下列说法中错误的是(　　)。

A. 只要总产量减少，边际产量一定是负数

B. 只要边际产量减少，总产量一定减少

C. 边际产量曲线一定在平均产量曲线的最高点相交

D. 随着某种生产要素投入量的增加，边际产量和平均产量增加到一定程度将趋于下降，其中边际产量的下降一定先于平均产量

四、简答题

1. 如果某厂商雇佣目前正处于失业的工人，试问在使用这些工人的过程中劳动的机会成本是否为零？

2. 为什么短期平均成本曲线和长期平均成本曲线都是U形曲线？

3. 成本函数是怎样从生产函数求得的？

4. 试阐明生产成本从不同计算方法来划分的成本种类及其相互关系。

5. 厂商的短期成本函数是如何得到的？其中平均成本和边际成本与可变要素的平均产量和边际产量有何联系？

6. 试述短期成本与长期成本的关系。

五、计算题

1. 假设某厂商的短期边际成本函数为 $MC=3Q^2-12Q+10$，当 $Q=5$ 时，总成本为 $TC=55$，求解：

(1) TC，TVC，AC，AVC。

(2)当企业的边际产量最大时，企业的平均成本为多少？

2. 某企业的短期成本函数为 $C=(2X-K)^3+K^3+10$，其中 X 为产量，K 为资本规模。求该企业的长期成本函数。

3. 假设某产品生产的边际成本函数是 $MC=3Q^2-8Q+100$。若生产 5 单位产品时总成本是 595，求总成本函数、平均成本函数、可变成本函数及平均可变成本函数。

4. 已知总成本函数为 $TC=5Q^3-35Q^2+90Q+120$，问自哪一点起 TC 及 TVC 遵循报酬递减规律？

5. 已知某厂商的长期生产函数为 $Q=L^{\frac{1}{2}}K^{\frac{1}{2}}$，$P_L=4$，$P_K=9$，试求该厂商的长期成本函数、平均成本函数和边际成本函数。

六、案例分析题

1. 阅读以下材料，联系实际情况，运用所学理论进行评析。

在“下海”的浪潮中，某服装公司处长小王与夫人用自己的 20 万元资金开了一个服装厂。一年结束时，会计拿来了收支报表。当小王正看报表时，他的一个经济学家朋友小李来了。小李看完报表后说，我的算法和你的会计的算法不同。小李也列出一份收支报表。这两份报表见表 5.1：

表 5.1　　万元

会计的报表(会计成本)		经济学家的报表(经济成本)	
销售收益	100	销售收益	100
设备折旧	3	设备折旧	3
厂房租金	3	厂房租金	3
原材料	60	原材料	60
电力	3	电力	3
工资	10	工资	10
贷款利息	15	贷款利息	15
		小王和夫人应得的工资	4
		自有资金利息	2
总成本	64	总成本	102
利润	6	利润	−2

七、论述题

1. 长期平均成本曲线的形状与短期平均成本曲线的形状一样，都是 U 形，请说明各自形成的原因。

2. 为什么长期总成本曲线 LTC 是短期总成本曲线的下包络线？请画图说明并予以解释。

【习题答案】

一、名词解释

1. 会计成本：指在企业生产过程中按市场价格购买生产要素的支出。

2. 机会成本：指使用相同的生产要素用于其他用途时所获的最高收入。

3. 显性成本：指在生产过程中购买生产要素的支出。

4. 隐性成本：指在将自有要素用于自己企业所需的成本。

5. 私人成本：指在生产过程中由企业自己承担的费用。

6. 社会成本：指在生产过程中由整个社会所承担的费用。

7. 增量成本：指在由于生产决策的变化所引发的总成本的增量。

8. 沉没成本：指在已经付出而无法收回的费用。

9. 固定成本：指在不随产量变化而变化的成本。

10. 可变成本：指在随着产量变动而变动的成本。

11. 平均成本：指在平均每 1 单位产量所需要的成本。

12. 边际成本：指在产量变化 1 单位所引发的总成本的增量。

二、判断题

1～5　√√√√√　6～9　√××√

三、选择题

1～5　CBDAB　6～10　BBDDA　11～15　CBDBA

16～20　BACCC　21～25　BDACD　26～29　ADCB

四、简答题

1. 机会成本不一定为零。机会成本是资源用于某用途时所放弃的其他用途可能得到的净收入。根据这一定义，如某资源原来是闲置的，现在用来生产某产品的机会成本就是零。因此，如果该失业工人原来属于非自愿失业，或者他愿意在任何工资率下工作，则正在使用中劳动的机会成本为零；如果该失业工人有非劳动收入，因而在工资 W_1 下处于自愿失业状态，而在工资 W_2 下受雇，则正在使用的劳动的机会成本为 W_2。

2. 短期平均成本曲线呈 U 形的原因是短期生产函数的边际报酬递减的作用。随着投入生产要素的增加，要素的边际产量先递增，到最大后递减，于是平均成本便呈现递减后递增的 U 形。

长期平均成本曲线是 U 形的原因主要是长期生产中的规模经济和规模不经济。企业开始生产阶段，由于生产规模的扩大而使经济效益得到提高，当生产扩张到一定规模以后再继续扩大生产规模就会使经济效益下降，相应的长期平均成本呈现递减后递增的U形。

3. 生产函数反映的是一定时期内各种生产要素投入量与产出量之间的物质技术关系，$Q=f(L,K)$联立求得相应的成本函数。实际上，在短期中，每一种生产规模都是最低成本的规模。由此，可以将成本函数的确定，转化为在给定的产量下确定最小成本的问题。那么，通过构造拉格朗日函数，便可确定各生产要素之间的关系，从而代入生产函数求出成本函数。

4. 生产成本是指厂商在生产商品或劳务中所使用的生产要素的价格，也称为生产费用。它以不同的计算方法可划分为总成本(TC)、平均成本(AC)、边际成本(MC)三类。

总成本是指生产一定产量所需要的成本总额。它又分为总固定成本(TFC)和总可变成本(TVC)两部分，即：

$$TC=TFC+TVC$$

平均成本是指生产每一个单位产量所需要的成本，即总成本(TC)产品总量(Q)，即：

$$AC=TC/Q=(TFC+TVC)/Q=AFC+AVC$$

边际成本是指随产品产量的增加而增加的成本。即：

$$MC=\Delta TC/\Delta Q=\Delta(TFC+TVC)/\Delta Q=\Delta TVC/\Delta Q$$

从以上公式可以看出，三类成本相互间有着密切关系，平均成本(AC)、边际成本(MC)由总成本(TC)推导而来；边际成本(MC)只是可变成本的增量与产品增量的比例，而与固定不变的成本部分完全无关。

5. (1)厂商的短期成本函数可以由成本、产量以及要素投入量之间的关系推导得出，因为一定的要素投入量生产一定产量的产品，同时也必须花费一定的成本。成本与产量之间的对应关系即为成本函数。即若给定生产函数为：

$$Q=f(L,K)$$

则成本方程为：

$$C=L\cdot P_L+K\cdot P_K+C_0$$

根据最优要素投入量的选择原则有$MP_L/P_L=MP_K/P_K$，就可以获得短期成本函数$C=C(Q)$。

(2)平均可变成本(AVC)与给定要素价格下的可变要素数量及产量相关，因而也就与其平均产量相关；边际成本(MC)与给定要素价格下的边际产量相关，即：

$$AVC=TVC/Q=L\cdot P_L/Q=P_L/(Q/L)=P_L/AP_L$$

$$MC=\mathrm{d}TVC/\mathrm{d}Q=\mathrm{d}(L\cdot P_L)/\mathrm{d}Q=P_L\cdot \mathrm{d}L/\mathrm{d}Q=P_L/(\mathrm{d}Q/\mathrm{d}L)=P_L/MP_L$$

所以，APL与AVC的变化趋势相反，APL曲线呈∩形，AVC曲线呈∪形；MP_L与MC的变化趋势也相反，MP_L曲线呈∩形，MC曲线则呈∪形。

6. 长期是厂商能根据所要达到的产量来调整其全部生产要素的时期。在这一时期，厂商对短期的生产要素投入进行调整。相应的，长期成本曲线也是根据短期成本曲线而得到。

(1)长期总成本。长期总成本是长期中生产某一产量所花费的最低短期总成本。对应于某一产品，厂商在该产量所对应的所有短期成本中选择最低数量时的生产要素组合。也就是说，长期总成本曲线是由每一产量所对应的最低短期总成本所构成的，即长期总成本是所有短期成本线的下包络曲线（画图说明长期成本曲线是所有短期成本的包络曲线）。它从原点出发，随着产量增加，生产要素逐渐得到充分使用，增长速度逐渐降低；当产量增加到一定程度后，它在边际收益递减规律的作用下增长逐步加快。

(2)长期平均成本。长期平均成本是长期中平均每单位产量所花费的成本。根据长期总成本与短期总成本之间的关系，相应于某一产量，长期平均成本是所有短期成本中最低的成本相对应的平均成本，也即长期平均成本曲线是所有短期平均的下包络曲线。也就是说，在长期平均成本曲线上，每一点都对应着一条短期平均成本曲线与之相切，其他短期平均曲线都在这一点的上方，或至少不比它更低（画图加以说明，但要注意长期平均成本曲线并不是所有短期平均成本曲线最低点的连线）。

一般说来，与短期成本曲线相比，由于在长期中所有生产要素均可以作出调整，从规模收益递增到递减有一个较长的规模收益不变阶段，因而长期平均成本曲线更平缓。

(3)长期边际成本。长期边际成本是在长期中增加1单位产量所增加的成本。长期边际成本曲线由长期总成本曲线而得到，它是长期总成本曲线的斜率。不同于长期总成本曲线和长期平均成本曲线，长期边际成本曲线不是短期边际成本曲线的包络曲线。不过，在长期总成本曲线与某一短期总成本曲线相切的地方，这一产量相应的长期边际成本曲线恰好与那一短期成本曲线相应的边际成本曲线相交。

基于短期边际成本与平均成本之间的关系也如此，长期边际成本与长期平均成本也交于长期平均成本的最低点。

五、计算题

1.(1)由 $MC=3Q^2-12Q+10$ 积分得：

$$TC=Q^3-6Q^2+10Q+K \quad (K\text{ 为常数})$$

当 $Q=5$ 时，$TC=55$，即 $55=53-6\times52+10\times5+K$，所以 $K=30$，则：

$$AC=Q^2-6Q+10+\frac{30}{Q}$$

$$TVC=Q^3-6Q^2+10Q$$

$$AVC=Q^2-6Q+10$$

(2)当企业的边际产量最大时，企业的边际成本最小。

对 $MC=3Q^2-12Q+10$ 求导得 $(MC)'=6Q-12=0$，即 $Q=2$。当 $Q=2$ 时，MC 取得最小值。所以：

$$AC=Q^2-6Q+10+\frac{30}{Q}=4-12+10+15=17$$

2.企业的短期成本函数为 $C=(2X-K)3+3K+10$，在长期情形下，资本规模 K 可变动，成本极小化的条件为 $\frac{dC}{dK}=0$，即：

$$\frac{dC}{dK}=-3(2X-K)^2+3K^2=0$$

由此解得 $K=X$。

代入短期成本函数，即得长期成本函数：

$$C=2X^3+10$$

3.由边际成本函数 $C'=3Q^2-8Q+100$ 积分得成本函数：

$$C=Q^3-4Q^2+100Q+a \quad (a\text{ 为常数})$$

又因为生产 5 单位产品时总成本是 595，即：

$$595=5^3-4\times 5^2+100\times 5+a$$

亦即：

$$a=70$$

所求总成本函数为：

$$C=Q^3-4Q^2+100Q+70$$

平均成本函数为：

$$AC=\frac{C}{Q}=Q^2-4Q+100+\frac{70}{Q}$$

可变成本函数为：

$$VC=Q^3-4Q^2+100Q$$

平均可变成本函数为：

$$AVC=\frac{VC}{Q}=Q^2-4Q+100$$

4.该问题可以转化为求 TC 曲线及 TVL 曲线的拐点。

对于成本函数 $TC=5Q^3-35Q^2+90Q+120$ 有：

$$\frac{dTC}{dQ}=15Q^2-70Q+90$$

$$\frac{d^2TC}{dQ^2}=30Q-70$$

令 $\frac{d^2TC}{dQ^2}=0$，即：

$$30Q-70=0$$

$$Q=2\frac{1}{3}$$

当 $Q<2\frac{1}{3}$ 时，$\frac{d^2TC}{dQ^2}<0$，TC 曲线、TVC 曲线先以递减的速度上升，后以递增的速度上

升。

当$Q>2\frac{1}{3}$时，$\frac{d^2TC}{dQ^2}>0$，TC曲、TVC曲线下凸。所以：

$$TC=5\times\left(\frac{7}{3}\right)^3-35\times\left(\frac{7}{3}\right)^2+90\times\frac{7}{3}+120\approx202.96$$

$$TVC=5\times\left(\frac{7}{3}\right)^3-35\times\left(\frac{7}{3}\right)^2+90\times\frac{7}{3}\approx82.96$$

所以点$\left(2\frac{1}{3},202.96\right)$、$\left(2\frac{1}{3},82.96\right)$分别是TC曲线、TVC曲线的拐点（以产量Q为横轴，成本C为纵轴）。

即自点$\left(2\frac{1}{3},202.96\right)$、$\left(2\frac{1}{3},82.96\right)$起，TC曲线及TVC曲线遵循收益递减规律。根据表5.1作图5.2。

表 5.1

Q	TRC	TVC	TC
0	120	0	120
1	120	60	180
2	120	80	200
3	120	90	210
4	120	105	221
5	120	140	280
6	120	210	330

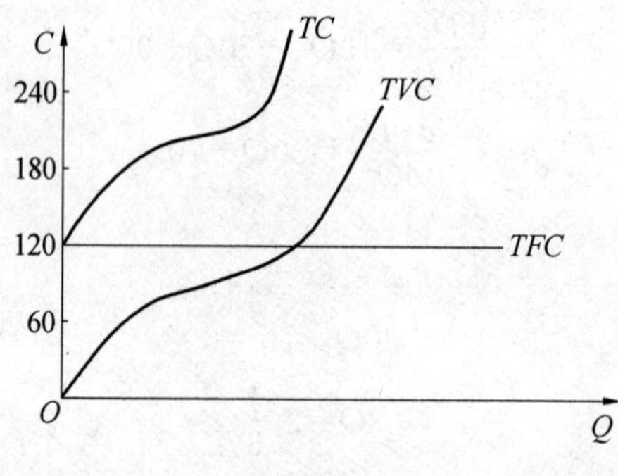

图 5.1

5. 成本方程为：

$$C=P_L\times L+PK\times K=4L+9K$$

在既定产量下使成本最小，则构造拉格朗日函数，即：

$$Z(L,K,\lambda)=4L+9K+\lambda(Q-L^{\frac{1}{2}}K^{\frac{1}{2}})$$

对 L、K、λ 分别求偏导得：

$$\frac{\partial Z}{\partial L}=4-\frac{1}{2}L^{-\frac{1}{2}}K^{\frac{1}{2}}=0$$

$$\frac{\partial Z}{\partial K}=9-\frac{1}{2}L^{\frac{1}{2}}K^{\frac{1}{2}}=0$$

$$\frac{\partial Z}{\partial \lambda}=Q-L^{\frac{1}{2}}K^{\frac{1}{2}}=0$$

解得 $K=\frac{4}{9}L$。将 $K=\frac{4}{9}L$ 代入 $Q=L^{\frac{1}{2}}K^{\frac{1}{2}}$，得 $Q=\frac{2}{3}L$，所以：

$$L=\frac{3}{2}Q$$

将 $L=\frac{3}{2}Q$ 代入成本方程得：

$$TC=8L=8\cdot\frac{3}{2}Q=12Q$$

$$AC=\frac{TC}{Q}=\frac{12Q}{Q}=12$$

$$MC=\frac{\mathrm{d}TC}{\mathrm{d}Q}=12$$

六、案例分析题

1. 会计报表中的总成本是实际支出的会计成本，经济学家报表中的总成本是经济成本。会计算出的利润是会计利润，经济学家算出的利润是经济利润。在企业作出决策时，了解会计成本与经济成本之间的差别是十分重要的。

所谓会计成本指的是厂商在生产中按市场价格直接支付的一切费用。这些费用一般要反映到厂商的会计账目上去，是企业已支出货币的记录，因此也称为历史成本。在会计报表中，用于设备折旧、厂房租金、原材料、电力等费用及工人工资和利息的支出(94 万元)是会计成本。销售成本(100 万元)减去会计成本(94 万元)就是会计利润(6 万元)。会计成本的信息不足之处：第一，会计成本往往只能说明过去，也不能说明将来；第二，会计成本往往含有一些人为因素；第三，会计成本不能准确反映厂商生产的实际代价。

经济成本是在会计成本上增加了机会成本，即经济成本等于会计成本与机会成本之和。因此，了解这两种成本差别的关键是机会成本。

所谓机会成本，从企业来说，指的是由于使用某一投入要素而必须放弃这一要素其他用途的最高代价;从要素所有者来说,则是指这一要素在其他可能的机会中所能获得的最高报酬。机会成本可以用价值量来表示,也可以用实物量来表示。机会成本的前提条件:①资源本身有多种用途;②资源可以自由流动而不受任何限制;③资源得到了充分利用。简言之,机会成本就是为了得到某种东西所必须放弃的东西。例如,你手头有 20 万元,可用于存银行获利息 2 万元,或炒股获利 4 万元。你把这 20 万用于炒股获得 4 万元时就放弃了存银行的 2 万元利息,所以没有反映在会计报表中,这是一种观念上的损失。

经济成本中包括机会成本,它与会计成本的差别如下:

第一,机会成本包括小王及其夫人自己办厂,不用向自己支付的工资,会计成本中没有这一项。但从机会成本的角度来看,他们如果不自己办厂,则可以去上班,赚到工资。所以,他们不上班而放弃的工资收入就是把自己的时间与精力用于办厂的机会成本。我们假设小王及其夫人上班时每年工资收入为 4 万元,所以,自己办厂的机会成本之一就是放弃的这 4 万元收入。

第二,机会成本包括小王办厂自有资金所放弃的利息,会计成本中也没有这一项。小王办厂用的费用部分是自有资金(20 万),并不用给自己支付利息,会计报表中当然没有记录。但如果把这笔钱存入银行,可获得 2 万元利息。把 20 万元用于办厂而放弃的利息是机会成本之一。

第三,会计报表与经济学家报表中都有设备折旧一项,但会计成本与机会成本的计算方法不同,因此数值不同。会计是按线性折旧计算的,即全部设备为 15 万元,设备使用期限为 5 年,平均每年折旧 3 万元,所以,设备折旧为 3 万元。经济学家是按设备资产的现值来计算折旧的。小王去年买的设备,现在如果拿出去卖只值 10 万元,所以折旧费即设备资产价值的减少为 5 万元。这就是用机会成本来计算的折旧费。这两种方法计算出的折旧费用差 2 万元。(应该注意的是,用机会成本的方法计算折旧费,如果资产升值了,折旧费就为负的,例如,把房产作为设备时,房产升值,折旧费就可以是负的,但在会计看来,折旧费绝不可能是负的)

这三项机会成本加在一起共为 8 万元。所以,经济成本为 102 万,减去销售收益 100 万,实际上还亏了 2 万元,即经济利润为负 2 万元。

小李在向小王说明这一切后告诉他:从会计师的角度看你赚了 6 万元,但从经济学家的角度看你赔了 2 万元。放着好好的处长不当,当什么私人老板呢?何况,当老板比处长辛苦得多,社会地位也远不如处长。如果把这些也作为机会成本你亏损就更大了。小王听后恍然大悟,决定“上岸”回机关。小王的夫人特别感谢小李,因为这一年来她太累了,如果不是小李讲了机会成本的道理,小王还以为赚了 6 万元,会一直干下去呢!

小王的例子告诉我们,当作一个决策时,不仅要考虑得到了什么,还要考虑为此而放弃了什么。只有考虑到机会成本的经济利润最大化才是真正的最大化。懂得了这一点,作出是否“下海”或其他决策就容易了。

七、论述题

1. AC:由于边际报酬递减(边际生产率递减)规律的作用,AC 为 AVC 和 AFC 两者之和。AVC 在边际报酬递减规律的作用下,AVC 成先下降后上升,当 AVC 的增量恰好等于 AFC 的减少量时,AC 曲线达到最低点;当 AVC 的增量大于 AFC 的减少量时,AC 增加。正是由于规模收益的作用,AC 表现出了先下降后上升的 U 形特征。

LAC:由于规模收益的变动,在企业的生产规模由小到大的扩张过程中,会先后出现规模经济和规模不经济。正是由于规模收益作用,LAC 表现出了先下降后上升的 U 形特征。

2. 长期总成本曲线 LTC 和短期总成本曲线 SAC 如图 5.2 所示。

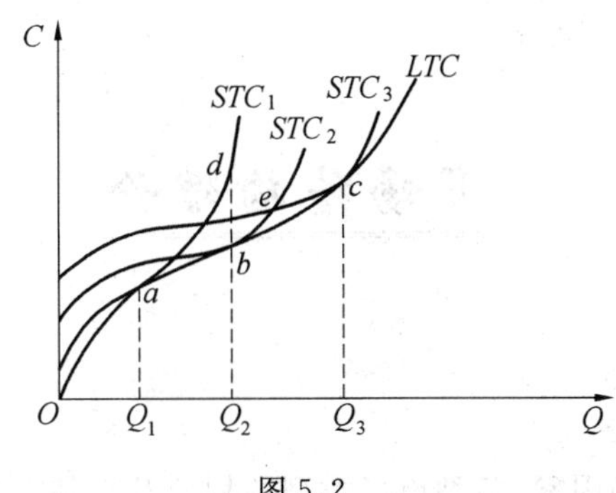

图 5.2

设有三条短期总成本曲线 STC_1、STC_2 和 STC_3,这三条短期总成本曲线分别代表三个不同的生产规模,它们各自所代表的生产规模大小由在其纵轴上的截距表示。从图 5.2 可以看出,STC_1 所代表的规模最小,STC_3 所代表的规模最大,而 STC_2 所代表的规模居中。在 Q_1 产量水平,厂商以 STC_1 所代表的规模进行生产,其成本低于 STC_2 和 STC_3 所代表的规模水平。在 Q_2 产量水平,STC_2 所代表的生产规模的生产成本低于 STC_1 和 STC_3 的所代表的规模。而在 Q_3 产量水平,STC_3 所代表的生产规模的生产成本则是最低的。由于在长期内,厂商可以通过调整全部生产要素以选择最低成本进行生产,因此,图5.2中 a、b、c 三点对应的总成本水平是厂商的长期总成本。也就是说,在生产的长期中,在 Q_1 产量水平,厂商将选择 STC_1 所代表的规模进行生产,生产总成本是 aQ_1;在 Q_2 产量水平,厂商将选择 STC_2 所代表的规模进行生产,生产总成本是 bQ_2;在 Q_3 产量水平,厂商将选择 STC_3 所代表的规模进行生产,生产总成本是 cQ_3。由于假定厂商的短期总成本曲线是处处稠密的,所以,在每一个产量水平,都可以找到一条代表在该产量水平最优生产规模(生产成本最低)的短期总成本曲线,我们把这些点连起来即得到长期总成本曲线。例如,在图 5.2 中的 Q_4 产量水平,以 STC_1 和 STC_2 所代表的进行生产,其成本是一样的,但是,我们总可以通过调整规模使生产该产量的总成本达到最低,而这个生产规模就是生产该产量水平的最低规模。

在长期总成本曲线 LTC 上,代表最优生产规模的短期总成本曲线 STC 恰好和 LTC 相切,所以长期总成本曲线是短期总成本曲线的下包络线。

第六章

Chapter 6

市场结构理论

【考点归纳】

1. 了解影响市场结构的因素、各种市场类型的划分及其基本特征。
2. 掌握各市场类型的长期均衡与短期均衡。
3. 掌握各类市场的效率比较问题。
4. 掌握垄断厂商的定价策略、垄断产生的效率损失及政府是如何进行管制的。
5. 了解博弈论的基本知识。
6. 掌握纳什均衡和占优策略均衡。
7. 会运用博弈论简单分析垄断市场中各厂商之间的博弈问题。

【要点解读】

1. 市场结构的含义及影响因素

市场是指相互作用、使交换成为可能的买方和卖方的集合。

厂商是指一种把土地、资本、劳动力和企业家才能等生产要素组合起来的组织,对某种事业进行讲究效率的经营,以求达到创造利润的目标。

行业就是出售相同或紧密相关产品的厂商集合。

市场结构是指规定构成市场的买方之间、卖方之间、买卖双方之间以及市场上已有的买方或卖方与准备进入市场的潜在的买方和卖方之间等诸关系的因素及其特征。它体现了市场竞争程度的强弱。

市场结构的影响因素主要有:市场上的厂商数目、厂商所提供的产品的差别程度、单个厂商对市场价格是否具有控制权和厂商进入与退出该市场的难易程度。

根据市场结构的影响因素，可以将市场结构分为：完全竞争市场和不完全竞争市场，而后者又分为完全垄断市场、垄断竞争市场和寡头垄断市场。

2. 完全竞争市场

(1)完全竞争市场的特征假设。

①市场上有无数多的买者和卖者。这就意味着任何一卖者都是价格的接受者而不是价格的决定者。②同一行业中的厂商生产的产品是无差别的。这意味着各生产者的产品具有相互替代的性质。③厂商进入或退出某一行业是完全自由的。④市场中的每一个买者和卖者都掌握自己决策所需要的所有信息。

(2)完全竞争的行业需求曲线和厂商需求曲线。

行业需求曲线又称为市场面临的需求曲线，是描述消费者对整个行业所生产的商品的需求状况的曲线，即每一个售价下行业整体所能售出的商品数量。在一般情况下，行业面临的需求曲线是向右下方倾斜的。

厂商面临的需求曲线的形状则与市场结构状况密切相关。在完全竞争市场中的厂商所面临的需求曲线是一条水平线，这意味着在给定的价格下，厂商可以销售无穷多数量的商品。如果市场需求曲线或者市场供给曲线发生变动，那么就会形成新的市场均衡价格，相应的，厂商就面临着一条从新的均衡价格水平出发的水平需求曲线。

(3)完全竞争厂商的收益及实现利润最大化的原则。

①完全竞争厂商的收益。厂商的收益指的是厂商的销售收入，厂商的收益分为总收益(TR)、平均收益(AR)和边际收益(MR)。

a. 总收益指厂商按一定价格出售一定量产品时所获得的全部收入。总收益曲线是一条从原点出发的直线，其斜率等于价格 P。

b. 平均收益是指总收益除以销售数量的所得收益，即销售一定量产品时平均每 1 单位产品所得到的收益，它实际上也就是每 1 单位产品的售卖价格。由于 $AR=TR/Q=PQ/Q=P$，所以厂商的平均收益曲线在任何市场条件下都可以由产品的需求曲线来表示。

c. 边际收益指的是市场上增加 1 单位的产品销售所获得的收入增加量。边际收益(MR)总是等于固定不变的产品的卖价 P，因此 MR 曲线是一条水平线，$AR=MR=P$。厂商的销售收入与市场上的消费者对该厂商所生产的产品的需求状况密切相关，所以分析厂商的收益曲线必须以该厂商所面临的需求曲线为依据。

②完全竞争厂商实现最大利润的均衡条件。在短期内，厂商的生产规模无法变动，只能通过对产量的调整来实现最大利润。厂商实现最大利润应该遵循的原则可以表述为：在其他条件(人们的偏好、收入与技术水平)不变的情况下，厂商应该选择最优产量，使得最后 1 单位产品所带来的边际收益等于所付出的边际成本，即 $MR=MC$。最大利润不一定是正利润。当 $MR=MC$ 时，厂商获得最大利润的正确理解是：在 $MR=MC$ 的均衡点上，厂商既可能盈利，也

可能亏损。如果厂商处于盈利状态，那么 $MR=MC$ 的产量能让厂商获得最大的利润；如果厂商处于亏损状态，$MR=MC$ 的产量能让厂商将损失控制在最低程度上。还可以用数学方法证明利润最大化的均衡条件，但当我们用数学方法得到 $MR=MC$ 的产量 Q 时，还必须验证二阶条件 $MR'<MC'$。只有同时满足一阶条件 $MR=MC$ 和二阶条件 $MR'<MC'$ 的产量，才是厂商实现最大利润的产量。

(4)完全竞争厂商的短期均衡、厂商及行业的短期供给曲线。

①完全竞争厂商的短期均衡。在完全竞争市场条件下的短期生产中，不仅要素和产品的价格都是既定的，而且生产中的不变要素投入的规模也无法变动。因此，完全竞争市场上的厂商为了实现利润最大化，只能调整产量。完全竞争厂商短期均衡的条件是 $MR=SMC$，其中，$MR=AR=P$。在完全竞争市场的厂商短期均衡时，厂商既可以获得超额利润，也可以获得正常利润，还可以处于亏损状态。当价格高于平均成本时，厂商是盈利的；当价格等于平均成本的最小值时，厂商的利润为零；当价格介于平均成本与平均可变成本之间时，厂商亏损但仍会继续进行生产，此时进行生产的厂商仅损失部分固定成本，若不生产将损失全部固定成本，为了减少损失，厂商将继续进行生产；当价格等于平均可变成本的最小值时，为厂商的停止营业点，在该点厂商无论是否进行生产都将损失固定成本；当价格低于平均可变成本时，厂商会退出生产，因为此时如果继续进行生产，则将损失全部固定成本和部分可变成本。

②完全竞争厂商的短期供给曲线。完全竞争厂商的短期均衡条件为 $MR=SMC$。而且 $MR=AR=P$，所以均衡条件也可以写作 $MR=AR=P=SMC$。由此等式可以看出，完全竞争厂商为了获得短期的最大利润，就会选择一个最优产量 Q，使得 $P=SMC$。这样，给定一个价格 P，就有一个相应的最优的产量 Q，能够使得厂商实现利润最大化，这种关系就确定了厂商的供给曲线。完全竞争厂商的均衡条件意味着厂商供给曲线上的点都在边际成本曲线上，但只有位于平均成本曲线最低点以上的边际成本曲线，才是完全竞争厂商的短期供给曲线。厂商短期供给曲线上的每一点表示能在相应价格下使得厂商获得最大盈利或最小亏损的最小产量。

③生产者剩余。生产者剩余是一个与消费者剩余相对应的概念，它是指生产者在出售一定数量的某种商品时，实际得到的总价格与愿意接受的最低总价格之间的差额。我们可以把生产者剩余和消费者剩余结合起来，以分析社会福利问题。

④完全竞争行业的短期供给曲线。若假定生产要素的价格不随行业产量的变化而变化，我们就可以将行业内所有厂商的短期供给曲线水平加总以得到完全竞争行业的短期供给曲线。行业短期供给曲线上的每一点表示能在相应价格下使得全体厂商获得最大盈利或最小亏损的行业短期供给量。

(5)完全竞争厂商、行业的长期均衡及行业的长期供给曲线。

①完全竞争厂商的长期均衡。在长期生产中，所有要素的投入数量都是可以改变的，厂商对生产要素的调整表现为两个方面：一方面表现为厂商进入或者退出某一行业；另一方面表现

为厂商对生产规模的调整。新厂商进入某一行业会使得该行业的供给曲线向右移动,原有厂商退出某一行业会使得该行业的供给曲线向左移动。在市场需求曲线不变的情况下,新厂商的进入就会使得产品的价格下降,而原有厂商的退出会使得产品的价格上升。相应地,厂商也会根据每一个变化了的价格水平来调整自己的生产规模,使得 $MR=LMC$。在这样一个不断调整的过程中,单个厂商最后必然将生产规模调整到与利润为零的长期均衡所要求的产量相适应的最优生产规模,这时既没有一家厂商进入或退出,也没有一家厂商调整生产规模,厂商的长期均衡条件为 $MR=AR=LMC=LAC=SMC=SAC$。

②行业的长期均衡。在短期分析中,市场需求曲线和厂商的技术水平是不会变化的。而在长期分析中,市场需求和厂商的技术都会受到各种因素的影响而变化。

a.在市场需求发生变动下的长期均衡;当需求减少时,在最终实现的新的行业均衡中,行业中的厂商数目减少,而每一个留下的厂商的产量水平与以前一样。在从原来的均衡向新的均衡过渡过程中,这些厂商也曾经亏损,但是它们通过调整产量将损失控制在最小,并且耐心等待,终于度过该行业的困难时期。当需求增加时,在最终实现的新的行业均衡时,行业中厂商的数目增加,而每一个厂商都生产以前的产量。在从原来的均衡向新的均衡过渡过程中,所有厂商,不论是原有的还是新加入的,都得到了经济利润。只不过竞争使得利润被摊薄,最后为零。

b.技术水平发生变动下的长期均衡。当一项新技术出现时,某些恰好需要更新设备的企业或者新建企业可以迅速采用新技术,而一些设备尚无须更新的企业可能仍然采用旧技术,直到这些旧技术不能弥补其平均可变成本为止。当某行业内一家厂商由于采用新技术,获得正利润。受其吸引,行业中很快就会有更多厂商采用新技术,行业的短期供给曲线就会向右下方移动,假定需求不变,则价格下降,整个行业的产量增加。于是,采用新技术的厂商由于成本下降,仍然享有经济利润,而采用旧技术的厂商由于高成本可能处于亏损状态。那些仍然采用旧技术而导致亏损的厂商如果有条件,则纷纷引入新技术;如果没有条件,则会退出竞争。这样,随着新技术的普及,行业供给继续增加,价格继续下降,直到行业没有经济利润为止。这时,行业的长期均衡实现。

③行业的供给曲线。在完全竞争条件下,由于单个厂商规模相对于整个市场来说非常小,因此其产量发生变化时,对所需投入的生产要素的价格不会产生影响。但当整个行业的供给量发生变化时,就可能会改变生产要素的价格,行业的成本可能会随之发生变化。根据生产要素市场对需求变动的不同价格反应,可将完全竞争行业分为三类:常数成本行业、成本递增行业和成本递减行业。

a.常数成本行业和其下的行业供给曲线。常数成本行业是指行业产量的扩大或缩小不会引起生产要素的价格即成本的变化。常数成本行业的长期供给曲线是经过长期平均成本曲线最低点的水平线,它表示在长期中,由于生产要素价格不受产量改变的影响,行业产量的增加不会引起厂商的平均成本的变动,从而不会引起行业的供给价格的变动。

b.成本递增行业和其下的行业供给曲线。成本递增行业是指当整个行业由于新厂商进入而增加产量时，厂商成本随产量增加而上升。成本递增行业的长期供给曲线是一条向右上方倾斜的线，它表示在长期中，行业产量的增加会引起厂商平均成本的上升，从而引起行业供给价格的上升。也就是说，当行业达到长期均衡后，只有价格进一步提高时，产量才会增加。

c.成本递减行业和其下的行业供给曲线。成本递减行业是指当整个行业增加产量时，厂商的成本随产量的增加而下降。成本递减行业的长期供给曲线是一条向右下方倾斜的曲线。它表明，在长期中，行业产量的增加会引起厂商平均成本的下降，从而引起行业的供给价格的下降。

(6)完全竞争市场效率评价。

在完全竞争市场的长期均衡状态下，厂商的平均成本、边际成本和边际收益相等，都等于市场价格，这意味着完全竞争市场是有效率的。

a.从边际成本等于市场价格来看，边际成本等于市场价格意味着，最后一单位的产量耗费的资源价值恰好等于该单位产量的社会价值，此时该产量达到最优。

b.从平均成本等于市场价格来看，平均成本等于市场价格意味着，生产者提供该数量的产品所获得的收益恰好补偿企业的生产费用，从而企业没有获得超额利润，消费者也没有支付多余的费用，这对于买卖双方都是公平的。同时，企业提供的该产量恰好处于平均成本的最低点，也就是说，企业在现有的生产规模中选择了成本最低的一个，因此，完全竞争市场在技术上是最优的。

c.完全竞争市场的长期均衡是通过价格的自由波动来实现的，不存在非价格竞争所带来的资源浪费。但是，完全竞争市场也并不是完全令人满意的：完全竞争市场上没有差异的产品并不一定能准确地反映不同消费者的不同偏好；完全竞争市场的价格不一定能准确地反映所有消费者的需求；限制了生产规模，阻碍了技术进步。

3.不完全竞争市场

(1)完全垄断市场。

①完全垄断市场的概念。垄断是一家厂商控制了一个行业的全部供给的市场结构。要成为垄断市场，必须满足如下条件：该市场仅仅包含一个厂商生产和销售某一种商品；这种商品不存在任何相近的替代品；其他任何厂商进入该市场极为困难，或者根本是不可能的。

②完全垄断的根源。a.规模经济的要求；b.政府赋予的经营特权；c.法律赋予某产品专利权所形成的垄断；d.一家厂商控制了某种产品的基本原料所形成的自然垄断。所谓自然垄断，是指某些商品的生产在生产初期必须投入大量的固定成本，而在一个比较大的产出范围内却呈现边际成本和平均成本递减的情况，如电信公司提供电话和网络服务，在营运初期必须投入大量的固定成本用来铺设网线、购买交换机等，而每增加一次电话或网络服务，其边际成本却非常低，这样一种情况被称作自然垄断。

③垄断厂商的需求曲线。垄断市场只有一个厂商，因此，垄断市场的需求曲线就是垄断厂

商的需求曲线。垄断市场的需求曲线也是一条向右下方倾斜的曲线，它可以是线性的，也可以是非线性的，一般以 $Qd=f(p)$ 表示。垄断厂商可以通过调整销售量来控制垄断商品的市场价格，也可以通过调整价格来控制垄断商品的市场需求量。

④垄断厂商的收益曲线。在完全竞争市场下，不能由市场需求曲线得到厂商的收益曲线，因为市场需求曲线不同于厂商需求曲线，而在垄断条件下，由于市场需求曲线就是厂商所面临的需求曲线，因此可以由市场需求曲线直接得到厂商的收益曲线。厂商的平均收益 AR 曲线与市场需求曲线 d 重叠，同时 d 曲线也就是垄断厂商的需求曲线；边际收益曲线由于产品的需求曲线向右下倾斜，每增加一单位产品所带来的收益（即 MR）总是小于单位产品的卖价，所以 MR 曲线总是位于需求曲线的左下方，且呈现向右下方倾斜的趋势。

⑤垄断厂商的短期均衡。在短期条件下，垄断厂商的固定要素投入量不变，即生产规模是给定的，厂商只能通过调整可变要素的投入来调整产出。

a. 基本假定条件：完全垄断者面临的市场需求曲线是线性的，是一条向右下方倾斜的线；短期内固定投入不变，厂商只能通过调整劳动投入而调整产量。

b. 短期均衡：在短期中，垄断厂商的固定要素投入量不变，即生产规模是给定的，厂商只能通过调整可变要素的投入来调整产出。垄断厂商均衡的条件是：当 $P>AC$ 时，厂商获超额利润 $\pi=PQ-TC$ 或 $\pi=(P-AC)Q$；当 $P=AC$ 时，厂商获正常利润或者说收支相抵；当 $P<AC$ 时，厂商亏损。若 $P>AVC$，则可继续生产；若 $P<AVC$，则要停业。

⑥完全垄断条件下的长期均衡。

a. 基本假定条件：假设对于已经获得了短期利润的垄断者，在长期中通过扩大生产规模可以获得更多的利润；在长期中，垄断厂商产品需求曲线的形状未发生变化，依然是一条向右下方倾斜的曲线。

b. 垄断者的长期均衡：在长期中，垄断厂商可以调整所有生产要素的投入，以实现最大的利润。垄断厂商长期均衡条件为：$MR=LMC=SMC$，$LAC=SAC$；$MR'<LMC'$。由于垄断行业排除了其他厂商进入的可能性，垄断厂商在短期内获得利润，在长期内是可以保持利润的。

⑦垄断厂商的供给曲线。不同于完全竞争市场，在垄断市场下，垄断厂商可以控制和操纵价格，这样垄断厂商就不再像完全竞争厂商那样，只能通过调整产量来满足 $P=SMC$ 的均衡条件，它可以同时调整价格和产量来满足该条件。因此，随着垄断厂商所面临的需求曲线的移动，垄断商品的市场价格就不存在一一对应的关系，而是可能有各种不同的组合，厂商的供给曲线是不存在的。注意：对垄断市场供给曲线的分析同样适用于其他不完全竞争市场；而垄断厂商不存在供给曲线，这一结论同样适用于垄断竞争市场和寡头市场。

⑧垄断厂商的价格决定。完全垄断者可以通过成本加成定价或实行价格歧视定价。成本加成定价就是以商品的生产成本或价格的一定比例加入到成本或售价中，以获得市场价格。价格歧视，是指垄断厂商为获取更大的利润，凭借自己的垄断地位，对相同成本的产品收取不同的价格。

a. 实现价格歧视的条件：市场存在不完善性；各个市场对同种产品的需求价格弹性不同；能有效地把不同市场或市场的各部分之间分开。

b. 价格歧视的类型。三级价格歧视：一级价格歧视、二级价格歧视和三级价格歧视。如果厂商对每一单位产品都按消费者愿意支付的最高价格出售，这就是一级价格歧视，也称为完全价格歧视。在一级价格歧视下，有 $P=MC$，这说明一级价格差别下的资源配置是有效率的，尽管此时垄断厂商剥夺了全部的消费者剩余。二级价格歧视是对不同的消费数量段规定不同的价格。实行二级价格歧视的垄断厂商的利润会增加，部分消费者剩余被垄断者占有。此外，垄断者有可能达到 $P=MC$ 的有效率的资源配置的产量。三级价格差别是垄断厂商对同一种产品在不同的市场中(或对不同的消费群)收取不同的价格。假定某垄断厂商在两个分割的市场上出售同种产品，厂商应该按照 $MR_1=MR_2=MC$ 的原则来确定在两个市场的产量。垄断厂商要想获得更大的利润，就必须在需求价格弹性较小的市场上提高价格，在需求价格弹性较大的市场上降低价格。

时间价格歧视是指垄断厂商在不同时间里对具有不同需求函数的消费者收取不同的价格。高峰定价是时间价格歧视的一种。

c. 三级价格歧视与时间价格歧视的关系。三级价格歧视是在同一时间里分割不同的市场，垄断厂商在不同市场里销售商品或服务的成本不是独立的，而是关联的，因此要实现利润最大，必须使得各个市场的边际收益相等且等于边际成本。而对于时间价格歧视来说，是利用时间来分割市场，各个市场之间的成本是相互独立的，这样，垄断厂商定价就只需按各个市场的边际收益等于各自的边际成本即可。

⑨垄断市场的效率损失。垄断市场的效率损失主要从资源配置效率和社会福利两方面分析。完全垄断造成生产资源的浪费；加大社会成本；完全垄断者实行价格歧视，通过损失消费者剩余和生产者剩余造成社会福利的无谓损失；垄断者凭借垄断地位所获取的超额利润，加剧社会收入的不平等；对技术的垄断不利于技术进步。

⑩垄断市场上的政府管制。由于垄断市场资源的无效配置和社会福利的无谓损失，客观上需要政府管制。一般来说，政府对垄断市场的管制手段有法律规制和经济规制两种。在法律上，各国政府通过设立各种反垄断法直接限制垄断，禁止垄断市场的形成。在经济上，政府往往采用价格和税收两种措施对垄断市场加以管制和调节。在实际价格管制中，管制机构往往采取回报率管制的方法来制订最高限价。管制机构确定一个最高限价，使得垄断厂商的资本回报率接近于“竞争的”或“公平的”回报率。

(2)垄断竞争市场。

垄断竞争市场是这样一种组织形式，在这个市场中有许多厂商生产和销售相近但非同质，而且又具有差别的商品。垄断竞争市场的特征：该市场中的厂商生产和销售有差别的同种商品；市场中有众多的厂商生产和销售该商品；厂商进出该市场不存在太大的困难，基本属于自由进出。厂商的竞争方式：其一，价格竞争；其二，品质竞争；其三，广告竞争。

①垄断竞争市场的厂商的需求曲线。由于垄断厂商可以在一定程度上控制自己产品的价格，即通过改变自己所生产的有差别的产品的销售量来影响商品的价格，所以垄断竞争厂商所面临的需求曲线也是向右下方倾斜的。但是由于各厂商的产品都是很接近的替代品，又使得需求曲线具有很大的弹性，因此，垄断竞争厂商的需求曲线是比较平坦的，相对比较接近完全竞争厂商的需求曲线。垄断竞争厂商面临着两条需求曲线：主观需求曲线 d 和比例需求曲线 D，且 d 曲线具有较大的弹性，较小的斜率。随着市场价格水平的变动，主观需求曲线 d 总是沿着比例需求曲线 D 上下平移。所谓主观需求曲线是指在垄断竞争市场内，由于大量垄断竞争厂商的存在，使得单个厂商会认为自己的行动不会引起其他厂商的反应，于是，它便认为可以像完全垄断厂商那样，独自决定价格，因此单个厂商在主观上有一条斜率较小的需求曲线。所谓比例需求曲线是指当单个垄断竞争厂商降低价格时，其他厂商势必也会跟着降价，这样，垄断竞争厂商就面临着一条客观需求曲线，称之为比例需求曲线或实际需求曲线，它是市场竞争的结果。

②垄断竞争厂商的短期均衡。在短期条件下，垄断竞争厂商在既定的生产规模下，通过价格和产量的调整达到实现利润最大化的均衡。垄断竞争厂商的短期均衡条件同样为 $MR=SMC$。与完全竞争市场和完全垄断市场相同，厂商在试点上可能获得利润、利润为零或亏损，这要取决于 P 即 AR 同 SAC 的比较。垄断竞争厂商短期均衡的条件为：$MR=SMC$；$MR'<SMC'$；$d=D$。

③垄断竞争厂商的长期均衡。在长期条件下，短期发生亏损的厂商将会调整生产规模，以改变亏损的局面，如果在较长时间内还是亏损，有些厂商便会退出该市场，使得留在市场内的厂商不再亏损。如果留在市场内的厂商在长期都获得了超额利润，那么市场外的厂商便会进入该市场，这样，随着市场外厂商的进入，市场内厂商原有的超额利润便会逐渐消失。因此，总的来说，无论垄断竞争厂商在短期条件下是盈利还是亏损，在长期均衡条件下，它的利润都将为零。因此，垄断竞争厂商长期均衡的条件为：$MR=LMC=SMC$；$MR'<LMC'$；$AR=LAC=SAC$；$d=D$。

④垄断竞争厂商长期均衡的实现过程。由于生产集团内存在着利润，新的厂商就会被吸引进来。随着生产集团内厂商数量的增加，在市场需求规模不变的条件下，每个企业所面临的市场销售份额就会减少。因此，D 曲线将向左下方平移，从而使企业原有的均衡点 E_1 的位置受到扰动。当厂商按照 $MR=LMC=SMC$ 的要求，试图建立新的均衡而降低价格时，d 曲线便沿着 D 曲线向左下方移动。D 曲线和 d 曲线的这种移动过程一直要持续到不再有新厂商加入为止，也就是说，一直要持续到生产集团内每个厂商的利润为零时为止，此时一定有 $AR=LAC=SAC$。

⑤垄断竞争市场的经济效率评价。与完全竞争市场相比，垄断竞争市场是缺乏效率的。从资源配置上来看，当完全竞争厂商达到长期均衡时，均衡产量决定的长期平均成本处于长期平均成本曲线的最低点，而在垄断竞争条件下，当达到长期均衡时，产量决定的长期平均成本

在长期平均成本曲线的左段，这说明存在着资源浪费；从价格和产量来看，完全竞争下的价格低于垄断竞争下的价格，而完全竞争下的产量却高于垄断竞争下的产量，这样就造成消费者的福利损失。但是垄断竞争市场也存在着自身的优势：消费者可以得到有差别、有特色的产品，从而更好地满足自己的个性化需求；从长期来看，垄断竞争市场上激烈的价格和非价格竞争有利于社会的技术进步和社会福利的增长。

(3)寡头垄断市场。

寡头垄断市场，又称作寡头市场，是由少数几家大型厂商控制某种商品的绝大部分乃至整个市场的一种市场组织形式。根据寡头所生产产品的差异性，可以将寡头市场分为纯粹寡头和差别寡头两类。如果产品是同质的，没有差别，相互的替代程度较高，就称为纯粹寡头。如果产品是异质的，有较大的差别，就称为差别寡头。寡头垄断市场的特征：市场内厂商极少；厂商相互依存；厂商不能自由进出市场。

寡头垄断厂商的产量及价格决定。两个相互对立的假定：寡头厂商通过勾结谋求获得垄断的超额利润；单个厂商在其他厂商不作出反应的条件下，通过调整自身的产量或价格来获取超额利润。在以上假定的情况下，寡头的产量和价格决定：

a. 当寡头之间存在勾结时，产量由各寡头之间协商决定，协商的结果主要取决于寡头的实力分配，在相互勾结时，价格领先制和卡特尔是制定价格的方式。价格领先，是指一个行业的价格通常由某一厂商率先制定，其余厂商追随其后确定各自的价格。价格领先通常有三种方式：一是晴雨表型的价格领先制；二是支配型价格领先制；三是效率型价格领先制。卡特尔是寡头行业的厂商通过公开的勾结以达到协调行动的一种形式，这些厂商就产品的价格、产量和其他事项，比如销售区域与利润分配等达成明确的正式协议，严格遵照执行。

b. 在寡头之间不存在勾结的情况下，行业中的寡头根据竞争对手的情况确定产量和价格。产量和价格确定模型的结果取决于对寡头的行为假设。具有代表性的有：折弯的需求曲线模型(斯威齐模型)、古诺模型、伯特兰模型和斯塔克伯格模型等。

斯威齐模型是由美国经济学家保罗·斯威齐于 1939 年提出的，用来解释寡头市场价格刚性的问题。斯威齐认为，寡头市场上的产品具有刚性的原因是寡头垄断厂商推测其他竞争对手对自己产品价格变动的态度是跟跌不跟涨，即当自己提高价格时，竞争对手为了扩大其市份额并不会跟着降价，这样一来寡头厂商的需求曲线就不连续，是拐折的，拐点以上的部分平坦一些，弹性较大，拐点以下的部分比较陡峭，弹性较小，这条线被称为拐折的需求曲线。拐折的需求曲线只是对寡头市场的产品为什么会出现价格刚性即不轻易变动这一现象提供了一种合理的假说，并没有说明产品的价格是如何决定的，但是它毕竟对寡头市场价格相对稳定的现象提出了一个有用的理论解释。

古诺模型是 19 世纪法国经济学家古诺提出的，用来解释寡头市场产量决定的古诺解。古诺模型的假设条件：只有两个生产者，生产完全相同的产品；为了研究方便，假定产品的生产成本为零；总需求曲线是线性的，向右下方倾斜，两家厂商分享市场；两个厂商都确切知道总需求情况，了解需求曲线上的每一个点；每一方都根据对方的行动作出自己的反应；每个寡头都通过调整产量实现利润最大化。古诺模型设想，开始时是一个垄断者独占了该市场，然后有一个竞争者进入该市场，这两个寡头在上述前提下不断调整自己的产销量，最后会达到有确切答案的厂商均衡和市场均衡。

伯特兰模型是由法国经济学家约瑟夫·伯特兰于1883年提出来的，旨在修正古诺模型。在古诺模型中，假定两个寡头的决策是联合定产，即厂商选择他们的产量，而让市场来决定商品价格。而伯特兰认为，在市场竞争中，寡头往往使用价格竞争而非产量竞争，这样在模型中，假设两个寡头的决策是联合定价而非联合生产，即厂商选择价格，而让市场来决定产量。在古诺模型中，假定厂商在选择各自的产量时，事先必须预测对手的产量，并认为对手的产量会固定不变。在伯特兰模型中，假定各厂商在制定自己的价格时，必须对市场中其他厂商制定的价格作出预测，并认为对手将这个价格水平保持不变。由于厂商销售的是同质产品，因此不论市场价格水平如何，只要任一厂商降低价格，而其他对手保持价格不变，那么这一厂商便能占有全部市场需求，这是伯特兰均衡形成的关键。伯特兰模型最后的均衡非常简单，变成了完全竞争均衡，此时均衡价格等于边际成本。因此，伯特兰模型又称为伯特兰均衡模型。

斯塔克伯格模型是由德国经济学家斯塔克伯格于1934年提出的。在古诺模型和伯特兰模型中，寡头间的反应是一种联合决策，即每个寡头都将对手的行为视为给定，然后根据自己的预测作出决策。然而联合决策只适用于势均力敌的寡头之间，而对于实力相差悬殊的寡头，往往采取连续决策，这是斯塔克伯格模型所要分析的情形。在连续决策中，只有一个寡头将对手的反应视为给定，于是这个寡头将对手给定的反应考虑到自己的利润函数中，然后作出决策；而其他的寡头根据已经给定的反应作出决策。

3.博弈论与竞争策略

(1)博弈论的演进。

博弈论最早出现于1944年由冯·纽曼和摩根斯坦合著的《博弈论和经济行为》一书中。到了20世纪50年代，纳什、夏普里、图克等人将合作博弈推到了顶峰，并开创了非合作博弈的研究。20世纪60年代以后，泽尔腾、海萨尼、克瑞普斯和威尔逊等人，将动态分析和不完全信息引入博弈分析，并最终使博弈论成为主流经济学的一部分。

(2)博弈论的基本概念。

①囚徒困境的典型案例。囚徒困境是图克在20世纪40年代首先提出的，之后作为博弈论的经典案例被广泛引用。囚徒困境反映了个人的理性追求，并不一定能达到最后集体理性的结果，而个人理性达到集体理性的论断一直是主流经济学的主要思想。

②博弈的要素。任何一个博弈必须至少具备以下三个要素：参与人、策略和支付。行动、信息等也都是博弈的要素。参与人是指博弈中每个策略的决策者，他的目的是通过自己个人的理性决策以最大化自己的支付水平。参与人可以是个人、厂商、组织甚至是一个国家。但每个参与人都必须具有能力在一组可供选择的行动集合中作出选择，他们都具有自己的目标函

数,他们是理性的,是平等的。为了便于分析,博弈论中往往引入虚拟参与人的概念,它是指决定外生的“自然状态”,即决定外生随机变量的概率分布的机制。策略,是参与人在给定的信息集的情况下的行动规则,也称相机行动方案。支付,是指在特定的策略组合下,各个参与人所获得的利益。根据参与人支付总和的不同,我们将博弈分为零和博弈、常和博弈和非常和博弈。零和博弈是指参与双方彼此对抗,一方所得,另一方所失。常和博弈是指在每种可能的结果下,各参与人的支付之和为非零的常数。非常和博弈是指在每种可能的结果下,各参与人的支付总和各不相同。行动,是参与人在博弈的某个时点上的决策变量。信息,是参与人掌握的关于博弈的知识,包括“虚拟参与人”的选择,所有参与人的特征和行动知识等。完全信息是一个动态博弈概念,指所有参与人在事先都知道各种行动下的支付;反之,就称为不完全信息。共同知识,是指所有参与人彼此之间都相互知道的知识。均衡,是一个策略组合,在这个策略组合中,所有参与人的策略都是最优的。

③博弈的分类。博弈可分为合作博弈和非合作博弈。如果各参与人可以谈定能使他们设计联合策略的、具有约束力的、并能够执行的合同,那么该博弈就称为合作博弈。如果各参与人不可能谈判并执行有约束力的合同,那么该博弈就称为非合作博弈。

根据各参与人的策略决定是否同时,博弈又可分为静态博弈和动态博弈。静态博弈指博弈参与人同时选择行动,或虽非同时行动,但后行动者并不知道先行动者采取了什么具体行动。动态博弈指参与人的行动有先后顺序,而且后行动者可以观察到先行动者的选择,并据此作出相应的选择。

根据信息了解程度又可以把博弈分为完全信息博弈和不完全信息博弈。完全信息博弈指每个参与人对所有其他参与人的特征、战略和行为都有精确了解的情况下进行的博弈。若了解得不够准确,或者不是对所有的参与人都有准确的了解,在此情况下的博弈称为不完全信息博弈。

根据博弈中参与人信息是否完全、决策是否同时发生以及博弈是否重复出现等情况,现代博弈理论将博弈分为以下四种形式:完全信息静态博弈、不完全信息静态博弈、完全信息动态博弈和不完全信息动态博弈。其中完全信息静态博弈是指博弈中每个参与人在对所有其他参与人的特征以及各种策略组合的支付完全了解的情况下,同时作出策略选择且只选择一次。不完全信息静态博弈是指博弈参与人同时选择策略,但又不满足完全信息假定的博弈。

(3)竞争策略。

①占优策略和占优策略均衡。占优策略是指博弈参与人存在这样一个策略:无论其他参与人选择什么策略,他选择这个策略总是要优于选择其他策略,这个策略就被称为占优策略。由博弈各参与人的占优策略所组成的均衡;称为占优策略均衡。

②重复剔除的占优策略均衡。如果不存在占优策略,但可以存在劣策略的情况下,我们就能在确定弱策略之后,采用重复剔除的方法将劣策略不断地排除,最后留下的博弈均衡便称为重复剔除的占优策略均衡。重复剔除的占优策略均衡是唯一的,如果在剔除劣策略之后剩下

的策略组合不是唯一，那么就不存在重复剔除的占优策略均衡。

③纳什均衡。纳什均衡是指这样的一种策略集，在这一策略集中，每个参与人都确信，在给定其他参与人策略的情况下，他选择了最优的策略。

④混合策略纳什均衡。混合策略是相对纯策略而言的。纯策略是指一种规定博弈参与人在每一个给定的信息情况下只选择一种特定行动的策略。而混合策略纳什均衡是指在一个有两人参与的混合策略博弈中，一方在给定对方混合策略的情况下，使自己期望效用最大的混合策略。

【习题精编】

一、名词解释

1.完全竞争市场　2.完全垄断市场　3.垄断竞争市场
4.寡头市场　5.厂商均衡　6.价格歧视
7.串谋　8.非价格竞争　9.价格领导
10.自然垄断　11.主观需求曲线　12.实际需求曲线
13.古诺均衡　14.卡特尔　15.博弈均衡
16.纳什均衡　17.正常利润　18.超额利润

二、判断题

1.只要在竞争性行业中存在着利润，原有的企业会扩大规模，新的企业会进入。（　）

2.在完全竞争的行业中，企业的价格由市场决定，所以，企业的价格是完全缺乏弹性的。（　）

3.在完全竞争的行业中，企业的需求曲线是水平的，所以，企业的边际成本曲线也是水平的。（　）

4.如果某个企业的平均收益低于平均成本，则该企业应当停产。（　）

5.完全竞争行业的供给曲线，是在不同的价格水平上，把各个企业的供给数量水平相加而得。（　）

6.在完全竞争的行业中，一个代表性企业的需求曲线与平均成本曲线相切，说明它处于长期均衡的位置。（　）

7.如果一个企业的平均成本达到了最小值，说明它已获得了最大的利润。（　）

8.一个完全竞争企业处于短期均衡时，AVC 和 AC 都可能是下降的。（　）

9.企业在停止经营时，$TR=TVC$，是否亏损则不能确定。（　）

10.完全竞争市场的产品买卖双方没有差别，但产品是有差别的。（　）

11.完全竞争厂商面临的是一条水平的需求曲线。（　）

12.完全竞争厂商面临的价格和边际收益相等。（　）

13.完全竞争市场中厂商的总收益曲线的斜率为零。（　）

14. 在完全竞争条件下，需求曲线与平均成本曲线相切是某行业的厂商数目不再变化的条件。（　）

15. 在一般情况下，厂商得到的价格若低于平均可变成本就停止营业。（　）

16. 完全竞争厂商的需求曲线是大于平均可变成本以上部分的边际成本曲线。（　）

17. 如果一完全竞争厂商在 AVC 曲线下降时达到了短期均衡，为使利润极大，该厂商就应当增加可变要素的投入。（　）

18. 当行业处于长期均衡状态时，同一行业的所有厂商必须具有相同的成本曲线，且各厂商只能获得正常利润。

19. 完全竞争厂商与垄断厂商的基本差别是后者可以影响产品的价格。（　）

20. 自然垄断产生的原因之一是规模经济。（　）

21. 对于单一价格垄断者来说，平均收益总等于价格。（　）

22. 在总收益递减的产量区间，边际收益曲线向右上方倾斜。（　）

23. 垄断厂商的供给曲线是其边际成本曲线。（　）

24. 对单一价格垄断来说，达到利润最大化的产量时，价格低于边际收益。（　）

25. 垄断总可以获得经济利润。（　）

26. 当一个厂商对同一种物品向一个消费者集团收取的价格高于另一个消费者集团，或者实行“数量折扣”（即大量购买收取低价格）时，就存在价格歧视。（　）

27. 如果垄断者实行完全的价格歧视，它就可以获得全部消费者的剩余。（　）

28. 对学生和有身份的人实行不同价格折扣的厂商不能实现利润最大化。（　）

29. 如果一个垄断者实行完全价格歧视，它的产量水平应该是在边际成本曲线与需求曲线的交点处。（　）

30. 价格歧视只适用于那些不能转手出售的物品。（　）

31. 价格歧视越完全，产量也就越接近于其完全竞争的水平。（　）

32. 完全价格歧视并不会引起无谓损失，因为，垄断者获得了消费者所失去的全部消费者剩余。（　）

33. 凡是垄断都是要被打破的。（　）

34. 垄断厂商的价格总是比竞争状态高，而产出则比竞争状态低。（　）

35. 一级价格歧视（即完全价格歧视）使消费者剩余几乎等于零。（　）

36. 垄断厂商的平均收益曲线与边际收益曲线是一致的。（　）

37. 在垄断竞争行业中，每个厂商都面临着向右下方倾斜的需求曲线。（　）

38. 垄断与垄断竞争的关键差别是在后一种情况下存在自由进入。（　）

39. 垄断竞争与完全竞争的关键差别是在前一种情况下存在产品差别。（　）

40. 如果垄断竞争中的厂商获得了经济利润，我们就可以预期，由于新厂商进入，每个厂商的需求曲线将向左方移动。（　）

41. 在长期均衡时，垄断竞争行业的厂商的产量大于与其平均总成本曲线上最低点相关的水平。（　　）

42. 在垄断竞争条件下，资源配置效率不如完全竞争的原因在于产品差别的存在。（　　）

43. 一个寡头在决定是否降价之前一定要考虑到其他厂商可能作出的反应。（　　）

44. 如果双寡头同意勾结，它们可以共同获得与一个完全垄断者相同的利润 。（　　）

45. 如果卡特尔的一个成员在其他成员仍遵守协议的产量水平时，自己增加产量就可以暂时增加利润。（　　）

46. 在卡特尔中，如果一家厂商降价，其他厂商最好的战略就是仍维持协议价格。（　　）

47. 按照古诺模型，每个双头垄断者都假定对方价格保持不变。（　　）

48. 要得到古诺模型中的均衡，就必须假定每个厂商都假定别的厂商保持价格不变。（　　）

49. 按照伯特兰模型，每个双头垄断者都假定对方产量保持不变。（　　）

50. 寡头垄断厂商之间的产品都是有差别的。（　　）

51. 卡特尔制定统一价格的原则是使整个卡特尔中各厂商的利润最大。（　　）

52. 垄断竞争厂商的长期均衡的位置是在长期平均成本曲线的上升部分。（　　）

53 垄断竞争厂商的短期均衡的位置只能使它刚好获得正常利润。（　　）

54. 垄断竞争行业的厂商数目较少，厂商垄断程度很大。（　　）

三、选择题

1. 在完全竞争市场上，厂商短期内继续生产的最低条件是（　　）。

A. $AC=AR$　　B. $AVC<AR$ 或 $AVC=AR$

C. $AVC>AR$ 或 $AVC=AR$　　D. $MC=MR$

2. 在（　　）情况下一个完全竞争的厂商会处于短期均衡。

A. AVC 下降的　　B. AC 下降的

C. MC 下降的　　D. 以上都不对

3. 在完全竞争条件下，厂商获取最大利润的条件是（　　）。

A. 边际收益大于边际成本的差额达到最大值

B. 边际收益等于边际成本

C. 价格高于平均成本的差额达到最大值

D. 以上都不正确

4. 在某一产量水平上，若厂商的平均成本达到最小值，则（　　）。

A. 厂商的经济利润为零　　B. 厂商获得了最小利润

C. 厂商获得了最大利润　　D. 边际成本等于平均成本

5. 为使收益极大化，竞争性的厂商对商品定价应（　　）。

A. 低于市场的价格　　B. 高于市场的价格

C. 等于市场价格　　　　　　　　　　　D. 略低于距它最近的竞争对手的价格

6. 如果一个竞争性市场位于长期均衡状态中，那么所有的厂商将（　　）。

A. 采用完全相同的生产工艺　　　　　　B. 具有同一的最低平均成本

C. 都能获得经济利润　　　　　　　　　D. 以上全对

7. 在完全竞争的条件下，如果厂商把产量调整到平均成本曲线最低点所对应的水平，则（　　）。

A. 它将获得最大利润　　　　　　　　　B. 它没能获得最大利润

C. 它是否获得最大利润仍无法确定　　　D. 它一定亏损

8. 完全竞争市场的厂商短期供给曲线是指（　　）。

A. $AVC>MC$ 中的那部分 AVC 曲线　　B. $AC>MC$ 中的那部分 AC 曲线

C. $MC\geqslant AVC$ 中的那部分 MC 曲线　　D. $MC\geqslant AC$ 中的那部分 MC 曲线

9. 在最优短期产出水平，厂商将（　　）。

A. 取得最大利润　　　　　　　　　　　B. 使总亏损最小

C. 使总亏损最小，或使总盈利最大　　　D. 以上都不正确

10. 完全竞争和垄断竞争的主要区别是（　　）。

A. 产品异质程度不同　　　　　　　　　B. 市场中厂商的数量不同

C. 长期当中厂商获得的利润不同　　　　D. 以上都正确

11. 当一个行业由自由竞争演变成垄断行业时，则（　　）。

A. 垄断市场的价格大于竞争市场的价格

B. 垄断市场的价格小于竞争市场的价格

C. 垄断市场的价格等于竞争市场的价格

D. 垄断价格具有任意性

12. 无论在竞争性市场还是垄断市场当中，（　　）的厂商将扩大其产出水平。

A. 价格低于边际成本　　　　　　　　　B. 价格高于边际成本

C. 边际收益低于边际成本　　　　　　　D. 边际收益高于边际成本

13. 在有某些情况下，垄断可能会比竞争更可取。这是因为（　　）。

A. 垄断厂商有更多的激励来降低其生产成本

B. 在一个污染性行业中，垄断是限制其产业水平以降低污染的最好方法

C. 既有专利权又拥有垄断地位是回报技术创新的一个最好的途径

D. 以上都正确

14. 完全竞争和垄断竞争之间的重要相同点是（　　）。

A. 在长期中，价格等于平均成本，边际收益等于边际成本

B. 产品差异的程度

C. 在长期平均成本曲线上，使厂商利润最大化的点是相同的

D. 以上都不对

15. 当垄断竞争厂商处于短期均衡时，(　　)。

A. 厂商一定能获得超额利润

B. 厂商一定不能获得超额利润

C. 只能得到正常利润

D. 获得超额利润、发生亏损及获得正常利润三种情况均可能发生

16. 一位垄断厂商所面临的需求函数为 $y=200-(p/3)$，不变的边际成本是 100。如果他不实施价格歧视，他的利润最大化的价格为(　　)。

A. 300　　B. 150　　C. 600　　D. 0　　E. 900

17. 在长期均衡状态及垄断竞争条件下，一定正确的是(　　)。

A. 价格高于 LAC 曲线

B. 主观需求曲线的弹性大于实际的需求曲线的弹性

C. 一定存在对更多的厂商加入某种障碍

D. 资源浪费在广告上

18. 在垄断竞争厂商处于长期均衡时，下列说法错误的是(　　)。

A. 价格高于边际成本

B. 主观需求曲线的弹性绝对值小于实际需求曲线

C. 边际成本等于实际需求曲线对应的边际收益

D. 超额利润等于 0

19. 完全垄断厂商的总收益与价格同时下降的前提条件是(　　)。

A. 产品需求弹性＞1　　B. 产品需求弹性＜1

C. 产品需求弹性＝1　　D. 产品需求弹性＝0

20. 完全垄断厂商如果有一个线性需求函数，那么总收益增加时(　　)。

A. 边际收益为正值且递增　　B. 边际收益为正值且递减

C. 边际收益为负值　　D. 边际收益为零

21. 当垄断市场的需求富于弹性时，那么(　　)。

A. 边际收益与边际成本之间的差额较大

B. 边际收益与价格之间的差额较大

C. 边际收益与价格之间的差额为 0

D. 边际收益与价格之间的差额较小

22. 当垄断厂商利润最大化时，(　　)。

A. $P=MR=MC$　　B. $P>MR=AC$

C. $P>MR=MC$　　D. $P>MC=AC$

23. 完全垄断厂商的平均收益曲线为直线时，边际收益曲线也是直线。边际收益曲线的斜

率是(　　)。

A. 平均收益曲线斜率的 2 倍　　B. 平均收益曲线斜率的 1/2

C. 与平均收益曲线斜率相等　　D. 平均收益曲线斜率的 4 倍

24. 如果完全垄断厂商在两个分割的市场中具有相同的需求曲线,那么垄断厂商(　　)。

A. 可以施行差别价格　　B. 不能施行差别价格

C. 可以实行一级差别价格　　D. 上述都不正确

25. 在完全垄断市场中,如果 A 市场的价格高于 B 市场的价格,则(　　)。

A. 两个市场的需求弹性相等

B. A 市场的需求弹性大于 B 市场的需求弹性

C. A 市场的需求弹性小于 B 市场的需求弹性

D. 以上都不正确

26. 在垄断竞争行业中,竞争是不完全的,因为(　　)。

A. 每个厂商作决策时都要考虑竞争对手的反应

B. 每个厂商面对着一条完全有弹性的需求曲线

C. 每个厂商面对一条向右下方倾斜的需求曲线

D. 厂商得到平均利润

27. 如果政府对一个垄断厂商的限价正好使经济利润消失,则价格要等于(　　)。

A. 边际收益　　B. 边际成本

C. 平均成本　　D. 平均可变成本

28. 垄断竞争市场上厂商的短期均衡发生于(　　)。

A. 边际成本等于实际需求曲线中产生的边际收益时

B. 平均成本下降时

C. 主观需求曲线与实际需求曲线相交,并有边际成本等于主观需求曲线产生的边际收益

D. 主观需求曲线与平均成本曲线相切时

29. 当市场需求增加时,垄断厂商会(　　)。

A. 提高价格以增加边际收益　　B. 增加产量以提高价格

C. 降低产量以增加边际成本　　D. 减少产量以降低价格

30. 如果一个垄断厂商面对的需求弹性很小,它将(　　)。

A. 降低价格,增加收益　　B. 提高价格,增加收益

C. 降低价格,降低成本　　D. 提高产量,降低价格

31. 一个垄断厂商在长期中一直获得经济利润,那么(　　)。

A. 政府和垄断厂商之间串谋来维持一个高价格

B. 垄断厂商的需求曲线缺乏弹性,从而其获得更多的收益

C. 该厂商的生产比竞争性市场更有效率

D. 其他厂商无法进入该行业与其竞争

32. 垄断厂商拥有控制市场的权力，这意味着(　　)。

A. 垄断厂商面对一条向右下方倾斜的需求曲线

B. 如果他的产品增加 1 个单位，则全部产品的销售价格必须降低

C. 垄断厂商的边际收益曲线低于其需求曲线

D. 以上都正确

33. 当成本相同时，垄断和竞争一致的是(　　)。

A. 利润最大化的目标　　B. 产出水平

C. 长期当中的经济利润　　D. 生产的有效率

34. 下列关于寡头垄断市场的陈述不正确的是(　　)。

A. 所有寡头垄断模型都假设厂商考虑他自己的行动对其他厂商的价格和产量决策所产生的影响

B. 价格领导模型假设，领导企业允许小企业按照主导企业的定价销售他们的产品

C. 过剩的生产能力可以作为一种进入市场的障碍而起作用

D. 按照勾结需求曲线理论，行业中厂商假设价格升高不会导致其他厂商提高价格，但当价格降低时将导致其他厂商下调价格

35. 在垄断竞争市场长期均衡时，超额利润会等于零，这是由于(　　)。

A. 新厂商进入该行业容易　　B. 产品存在差异

C. 成本最小化　　D. 收益最大化

36. 当垄断竞争行业处于均衡状态时，(　　)。

A. 边际收益高于边际成本　　B. 边际收益等于价格

C. 价格高于最低平均成本　　D. 边际成本高于边际收益

37. 当某行业由一家企业垄断时，商品的平均成本为 20 元，由两家企业垄断时，商品的平均成本为 15 元，由三家企业垄断时，商品的平均成本为 18 元，则该行业的最佳企业组合数是(　　)。

A. 一家企业　　B. 两家企业　　C. 三家企业　　D. 不能确定

38. 完全垄断企业定价的原则是(　　)。

A. 利润最大化　　B. 社会福利最大化

C. 消费者均衡　　D. 生产者均衡

39. 消费者剩余最小，其采取的是(　　)

A. 一级差别价格　　B. 二级差别价格

C. 三级差别价格　　D. 无差别价格

40. 寡头垄断和垄断竞争之间的主要区别是(　　)。

A. 厂商的广告开支不同　　B. 非价格竞争的数量不同

C. 厂商之间相互影响的程度不同　　　　D. 以上都不正确

41. 寡头垄断和垄断竞争的主要相同之处是(　　)。

A. 都存在勾结以限制产量　　　　　　B. 长期中生产的低效率

C. 行业中都存在法律上的进入壁垒　　D. 以上都正确

42. 寡头垄断厂商的产品是(　　)。

A. 同质的

B. 有差异的

C. 既可以是同质的,也可以是有差异的

D. 以上都不对

43. 在一个生产同质产品的寡头垄断行业中,行业利润最大化的条件是(　　)。

A. 厂商按照古诺模型中的寡头垄断者一样行动

B. 厂商无论成本高低,生产一样多的产品

C. 厂商统一价格,但只在边际成本相等处生产

D. 价格随主导厂商而定

44. 在古诺假定下如果厂商的数量增加,(　　)。

A. 每一厂商的产量将增加

B. 行业产量增加,价格降到竞争时的水平

C. 市场价格接近勾结时的价格

D. 垄断者的行为更倾向于勾结

45. 在囚犯困境中(　　)。

A. 双方都独立依照自身利益行事,结果限于最不利的局面

B. 双方都独立依照自身利益行事,导致最好的选择

C. 双方进行合作,得到了最好的结果

D. 以上说法均不正确

四、简答题

1. 为什么完全竞争中的厂商不愿为产品做广告而花费任何金钱?

2. 完全竞争市场厂商的供给曲线在短期和长期有何不同?

3. 为什么利润极大化原则 $MC=MR$ 在完全竞争条件下可表达为 $MC=P$?

4. 如果行业中每个企业都处于长期均衡状态,整个行业是否必定处于长期均衡状态? 如果企业和行业都处于长期均衡状态,它们是否必然处于短期均衡状态?

5. 简述完全竞争市场长期均衡的实现过程。

6. 为什么在完全竞争市场,厂商和行业的短期供给曲线都是一条向右上倾斜的曲线? 行业长期供给曲线是否也一定是向右上倾斜的?

7. 完全竞争厂商和垄断厂商的需求曲线和边际收益曲线的形状有何区别?

8. 垄断市场的形成原因有哪些？

9. 试对比分析垄断竞争市场结构与完全竞争市场结构。

10. 为什么说垄断市场相比于完全竞争市场缺乏效率？

11. 简述垄断竞争市场上垄断厂商的短期均衡与长期均衡。

12. 在完全垄断市场上，垄断厂商的价格与产量是如何决定的？

13. 参加卡特尔的各厂商会按相同的价格出售产品，但不会要求生产相等的产量，为什么？

五、论述题

1. 试论述完全竞争厂商的短期均衡理论。

2. 试阐述完全竞争行业的供给曲线由单个厂商的供给曲线加总而成，其行业需求曲线是否也由厂商的需求曲线加总而成？

3. 评价完全竞争市场的长期均衡对资源配置的效率。

4. 试对垄断竞争市场及其资源配置效率进行评述。

5. 在寡头垄断市场中，寡头的行为模式主要有哪些？

6. 在完全垄断市场上，单一价格垄断者的需求曲线、边际收益和需求弹性的情况如何？

六、计算题

1. 完全竞争行业中某厂商的成本函数为 $STC=Q^3-6Q^2+30Q+40$，假设产品为 66 元。

(1)求利润极大时的产量及利润总额。

(2)该厂商在什么情况下才会停止生产？

2. 在短期的完全竞争市场上，市场供给函数为 $Q_S=1\ 800P-60\ 000$，市场需求函数为 $Q_D=100\ 000-200P$，若有个厂商的短期成本函数为：$STVC=0.1q^3-6q^2+132.5q$，$STFC=400$，求：

(1)该厂商的利润最大化产量是多少？

(2)该厂商的净利润是多少？

(3)若该厂商的生产成本发生变化，固定成本增加：$STF'C=400+C$，那么 C 为多少时厂商开始停止生产？

3. 垄断厂商的总收益函数为 $TR=100Q-Q^2$，总成本函数为 $TC=10+6Q$。求厂商利润最大化的产量和价格是多少？

4. 假设有两个寡头垄断厂商的行为遵循古诺模型，他们的成本函数分别为，

$$TC_1=0.1q_1{}^2+20q_1+100\ 000$$

$$TC_2=0.4q_2{}^2+32q_2+20\ 000$$

这两个厂商生产一同质产品，其市场需求函数为 $Q=4\ 000-10p$，根据古诺模型，试求：

(1)厂商 1 和厂商 2 的反应函数。

(2)均衡价格及厂商 1 和厂商 2 的均衡产量。

(3)厂商 1 和厂商 2 的利润。

【习题答案】

一、名词解释

1. 完全竞争市场:具有以下四个特征:(1)厂商和消费者数目众多;(2)产品同质;(3)厂商对价格没有控制权;(4)厂商可以自由进入或退出该行业。

2. 完全垄断市场:又称为垄断市场,在这种市场中,该商品的销售者仅仅只有一个,而这个单一的销售者又是该行业的唯一生产者。垄断市场满足如下条件:该市场仅仅包含一个厂商生产和销售某一种商品;这种商品不存在任何相近的替代品;其他任何厂商进入该市场极为困难,或者根本是不可能的。

3. 垄断竞争市场:是指竞争程度介于完全竞争市场和寡头市场之间的一种市场结构。在该市场上,大量的企业生产有差别的同种产品,这些产品在质量、构造、外观、商标以及销售服务条件等方面存在差异,这些产品彼此之间都是非常接近的替代品。另外,市场上企业数量众多,每个厂商在做出行为时都不考虑竞争对手的反应。由于厂商生产规模较小,因此进入和退出市场比较容易。

4. 寡头市场:又称为寡头垄断市场,是指少数几家厂商控制整个市场的产品的生产和销售的一种市场组织。根据产品特征,寡头市场可以分为纯粹寡头行业和差别寡头行业两类。按厂商的行动方式,寡头市场可以分为有勾结行为的和有独立行动的寡头市场。寡头市场被认为是一种较为普遍的市场组织。

5. 厂商均衡:是厂商获得最大利润并将继续保持不变的一种状态。在不同的市场类型中,由于厂商的均衡状态不同,因此所决定的价格和产量也不同。

6. 价格歧视:指垄断企业为了榨取更多的消费者剩余,而就同一成本的产品对不同的消费者规定不同的价格,或者就不同成本的产品对消费者规定同一价格以获取更大的利润。

7. 串谋:寡头厂商以某种方式勾结在一起,使其共同利润最大化。串谋的目的是使共同的利润最大化,为了实现这一目标,串谋者即寡头厂商通常就价格、产量、市场等内容达成协议,以便协调行动,共同对付消费者。

8. 非价格竞争:是不变动产品销售价格的竞争手段。非价格竞争的主要形式是品质竞争、广告竞争以及服务竞争。

9. 价格领导:是指某行业中有一家厂商作为价格领袖,决定商品价格,其他厂商按此价格出售商品。价格领导厂商根据自己的地位和实力确定价格决策。

10. 自然垄断:是指某些商品的生产者生产初期必须投入大量的固定成本,而在一个比较大的产出范围内却呈现边际成本和平均成本递减的情况。

11. 主观需求曲线:是指在垄断竞争市场内,由于大量垄断竞争厂商的存在,使得单个厂商会认为自己的行动不会引起其他厂商的反应,于是,他便认为可以像完全垄断厂商那样,独自决定价格,因此单个厂商在主观上有一条斜率较小的需求曲线。

12. 实际需求曲线：是指当单个垄断竞争厂商降低价格时，其他厂商势必也会跟着降价，这样，垄断竞争厂商就面临着一条客观需求曲线，称之为实际需求曲线，它是市场竞争的结果。

13. 古诺均衡：在分析两个寡头厂商的产量和价格决定问题上，假定两个厂商都准确了解市场的需求曲线，并在已知对方产量的情况下，各自确定能够使得自身利润最大化的产量。双寡头竞争的最终结果是每个厂商生产市场总容量的1/3(市场这一产量被称为古诺解)。

14. 卡特尔：指寡头垄断厂商根据整个行业的产品的需求状况和各厂商的成本状况，按利润极大化原则确定产品价格及全行业的产销量。

15. 博弈均衡：是指博弈中所有参与者都不想改变自己策略的一种状态。

16. 纳什均衡：是指这样的一种策略集，在这一策略集中，每个参与人都确信，在给定其他参与人策略的情况下，他选择了最优的策略。

17. 正常利润：是指企业家才能这一生产要素的报酬，它是工资的一种特殊形式，因此可以将正常利润归为成本，它的高低由企业家才能的供求所决定。

18. 超额利润：是指超过正常利润的那部分利润，这主要来源于企业家的创新、冒险经营的风险补偿以及依靠垄断优势获取的垄断利润。

二、判断题

1～5　√√×××　6～10　√×√××　11～15　√√×√√

16～20　√√√×√　21～25　√×××√　26～30　√√×√×

31～35　×××√√　36～40　×√××√　41～45　√×√√×

46～50　×√√√×　51～54　××√√

三、选择题

1～5　BBBAC　6～10　BDCDA　11～15　DAADA　16～20　DABBB　21～25　BDCAA　26～30　CCCCA　31～35　BBDAA　36～40　BCBAA　41～45　CCDBA

四、简答题

1. 完全竞争市场上假定厂商和消费者信息是完全的，做广告只会增加企业的成本，完全竞争市场上厂商无法干预价格，只能是价格的既定接受者，所以厂商不愿做广告。

2. 厂商的短期供给曲线是指平均可变成本曲线最低点以上的那部分边际成本曲线。这是因为为了实现利润最大化，在给定的价格下，厂商会按照边际成本曲线上相应的数量提供产出，但有理性的生产者决不会在亏损平均可变成本的情况下进行生产。在长期中，由于厂商能够调整生产规模，进入或退出某一行业，因此只有在市场价格大于或等于平均成本时，厂商才会进行生产。所以厂商的长期供给曲线是位于长期平均成本曲线最低点以上的那一部分长期边际成本曲线。

3. 在完全竞争条件下，每个厂商按照市场决定的价格来销售商品，任何数量的产品都不会影响价格，价格是由市场的供求关系决定的，故单个厂商的需求曲线是一条水平线，单位产品的价格始终不变，因此，边际收益 MR 恒等于固定不变的价格 P，由于利润极大化原则是

$MR=MC$,而在完全竞争市场中 $MR=P$,所以利润极大化原则在完全竞争条件下可表达为 $MC=P$。

4.(1)如果行业中每个企业都处于长期均衡状态,则 $P=SMC=LMC$。但是若整个行业处于长期均衡状态,则不但要求 $P=SMC=LMC$,还要求 $P=SMC=LMC=SAC=LAC$。当 $P=SMC=LMC$ 时,不一定就有 $P=SMC=LMC=SAC=LAC$。可见,即使每个企业都处于长期均衡状态,整个行业也不一定处于长期均衡状态。但当 $P=SMC=LMC=SAC=LAC$ 时,必定有 $P=SMC=LMC$,即如果整个行业处于长期均衡状态,则行业中的每个企业必定处于长期均衡状态。

(2)如果企业和行业都处于长期均衡状态,即 $P=SMC=LMC=SAC=LAC$,则企业必然处于短期均衡状态,因为企业短期均衡的条件是 $P=SMC$。如果所有的企业都处于长期均衡状态,产品的价格和产量不再发生变动,那么该行业也就处于短期均衡状态。但当行业和企业处于短期均衡状态时,行业和企业不一定处于长期均衡状态。如上所述,即使 $P=SMC$,也不一定有 $P=SMC=LMC=SAC=LAC$。

5.在完全竞争市场上,市场的供给和需求决定市场的均衡价格和均衡产量。在长期条件下,各厂商根据市场的均衡价格调整厂房设备规模,与此同时,不断有新的厂商进入或亏损的厂商退出,当该产品的供给量和需求量在某一价格水平上达到均衡时,如果这一价格水平等于厂商的最低的长期平均成本,则该产品的价格、产量和留存下来的厂商数量不再发生变化,因为每个厂商既使没有超额利润,也不亏损。于是厂商不再改变产量,也不再有厂商进入或退出,从而该市场处于长期均衡状态。

6.在完全竞争条件下,厂商短期供给曲线是由 MC 曲线位于 AVC 曲线最低点以上的那部分曲线表示的。厂商供给曲线表达的是,在不同的销售价格水平上厂商愿意生产和销售的产量。根据 $P=MC$ 的原则,供给曲线在此表达的是在不同的边际成本水平上厂商愿意生产并出售的商品量。如上所述,由于 AVC 曲线以上的那段 MC 曲线是向右上倾斜的,因此厂商的短期供给曲线是一条向右上倾斜的曲线。行业供给曲线是由行业内各个厂商的供给曲线水平加总而成,故也是一条向右上倾斜的曲线。行业长期供给曲线不一定是向右上倾斜的曲线,根据成本不变、递增、递减不同,长期供给曲线可以为水平、向右上倾斜和向右下倾斜的三种不同的形状。

7.在完全竞争条件下,每个厂商可以按照市场决定的价格卖出它愿意出卖的任何数量的商品,即市场对该厂商的需求弹性是无穷大的,也就是说,单个厂商的产品的需求曲线是一条与横轴平行的直线。由于不管产销量如何增加,单位产品的边际收益始终等于固定不变的销售价格,故边际收益曲线和需求曲线重合。在完全垄断条件下,垄断者代表一个行业,垄断者供应产品的需求曲线就是行业需求曲线,而行业(市场)需求曲线是一条自左向右下方倾斜的曲线。由于垄断者的需求曲线是向右下方倾斜的,当价格下降后,不仅新增的产销量要按照下降后的价格出售,连原有的产销量也需按下降后的价格出售,因此,从新增一单位产销量按新价格出售而取得的收益(AR)中，减去原有产销量按新价格出售而得到的收益，才是新增一单位产销量而增加的总收益(MR)，所以 $MR<MC$，则 $MR<P$，即 MR 曲线位于需求曲线的左下方。

8. 垄断是指一个行业的全部供给由一个厂商控制的市场结构，其形成的原因主要有下列几种情况：(1)资源控制导致的垄断。当一个厂商控制了生产某种商品的全部资源时，该厂商就能有效排斥其他厂商生产各种产品的可能性，从而形成垄断市场结构。(2)技术专利导致的垄断。由于厂商具有独寡生产某种产品的专利权和技术，所以可以保证该厂商在一定的时期内生产该产品。(3)政府的特许经营。政府往往在某些行业实行垄断的政策，一般说来，这类行业的一个共同特征即最优生产规模非常巨大，需要相当规模的前期投资。所以该行业由一家厂商提供产品相对于由多家厂商提供产品是资源使用的最优状态。(4)由策略性壁垒导致的垄断。厂商总是采取各种措施对其垄断地位进行保护，特别是在厂商既无技术优势，又无法律保护时，厂商往往采取其他手段如增加巨额广告费来加大进入成本的办法，从而有效地阻止其他厂商进入。

9. 垄断竞争行业与完全竞争行业相比，有相似之处，如，都包括众多的厂商，其他厂商进入或退出是自由的。但是，完全竞争行业的产品是同质的，各厂商产品具有完全的替代性，而垄断竞争行业中每个厂商的产品不是同质的，而是存在差别。尽管这些有差别的产品之间具有很高的替代性，但这种差别毕竟使每个厂商对于自己的产品享有一定的排斥其他竞争者的垄断力量。因此，垄断竞争行业每个厂商的产品的需求曲线，不是需求弹性为无穷大的直线，而是向右下方倾斜的，这是垄断竞争厂商与完全竞争厂商的唯一差别。

垄断竞争行业厂商长期均衡价格和产量，虽然也是该厂商的产品需求 DD 与 LAC 曲线相切之点的价格和产量，但由于这一切点不可能像完全竞争厂商长期均衡时那样在 LAC 曲线的最低点，而是在 LAC 曲线最低点的左侧。因此，垄断竞争厂商在长期均衡时的产量低于完全竞争厂商长期均衡时的产量，而价格则高于完全竞争厂商长期均衡价格，但厂商并未因此赚得更多利润，因为较少产量的平均成本也较高。此外，垄断竞争厂商之间的广告竞争也导致更高的平均成本。因此，从整个社会来看，同完全竞争相比较，垄断竞争行业各厂商使用的设备规模小于最优规模，这样的设备规模提供的产量的平均成本大于该设备所能实现的最低平均成本。这意味着生产资源未能实现最优利用，说明垄断竞争厂商长期时也会出现过剩生产能力。这对于社会资源利用来说，造成了浪费。然而，由于在垄断竞争情况下造成这种浪费的原因是产品的差别性，产品的差别又能满足人们本来就存在的多种多样的需求。产品的多样化，丰富了消费者的生活，这对消费者也有利。因此，在垄断竞争的情况下产品价格较高，可看做是消费者为满足多样化的需求而付出的代价。

10. 厂商的价格位于平均成本的最低点：价格＝平均成本＝边际成本。而垄断厂商确定的价格一般高于平均成本，并且产量低于平均成本最低点的产量，这意味着厂商增加产量会降低平均成本。一方面，垄断厂商没有利用最低成本的生产技术，同时，完全垄断厂商由于高价格而获取超额利润，也不利于公平分配。另一方面，垄断厂商的边际成本低于社会给予它最后一单位的评价，即边际成本小于市场价格。这意味着，增加产量会增加社会福利。因此，垄断市场相比于完全竞争市场是缺乏效率的。

11. 在垄断竞争市场下，垄断竞争厂商也谋求利润最大，其产量和价格决策的基本原则同样是使边际收益等于边际成本。一个垄断竞争厂商面临的需求曲线弹性很可能比一个完全竞争厂商的需求曲线要小；同时，它又很有可能比垄断者面临的需求曲线弹性大，即垄断竞争厂商面临着一条向右下倾斜但斜率比垄断厂商的需求曲线要平坦得多的需求曲线。

在短期内，均衡与垄断厂商的均衡十分相似，若价格高于平均成本，则有超额利润；若低于平均成本，则会亏损。

在长期内，垄断竞争厂商进出行业较自由。若获利，新厂商进入行业，提供相替代的产品与原来的厂商竞争，使原厂商市场份额缩小，产品价格下降，直到超额利润消失；反之，若亏损，行业内一些厂商逐渐退出，未退出的厂商的市场份额增加，产品价格上升，直到不亏损为止。因此，垄断竞争厂商长期均衡时，产品价格和平均成本相等，即

$$MR=LMC=SMC \quad 或 \quad MR=MC$$

$$AR=LAM=SAC \quad P=AC$$

12. 在完全垄断市场上，垄断厂商同样以利润最大化为目标。利润最大化的必要条件是边际成本等于边际收益。在现实中，边际收益难以准确确定，所以垄断企业在决定价格时，就用边际成本加价原则来确定价格，然后在此基础上确定产量。边际成本加价的公式为。其中，$P=MC/(1-1/E)$。其中，P 为垄断厂商所确定的价格；MC 为边际成本；E 为需求的价格弹性。

由于垄断者要使其产量增加(因为这时总收益增加)，所以价格高于边际成本，即价格是在边际成本的基础上加一个比例的利润。所加利润的比例大小取决于产品的需求弹性，需求弹性越大，则这一比例越小，需求弹性越小，则这一比例越大。

边际成本加价定价满足了利润最大化条件。如前所述，边际收益、价格与需求弹性之间的关系为：$MR=P(1-1/E)$。厂商在 $MR=MC$ 时获得最大利润，所以 $P(1-1/E)=MC$，这也就是：$P=MC(1-1/E)$。

由此可见，边际成本加价原则不仅适用于完全垄断市场，而且也是其他市场上有某种垄断程度企业的定价原则。

13. 参加卡特尔的各厂商之所以会结成一个卡特尔，就是因为它们愿意根据整个行业的产品的需求状况和各厂商的成本状况，按利润最大化原则确定产品价格及全行业的产销量。在这种情况下，价格和产量决定就与独占行业(完全垄断)一样。为使行业利润极大，各厂商协商一致决定，根据全行业产品需求曲线所产生的边际收益曲线和全行业的边际成本曲线(由各厂商的边际成本曲线在水平方向加总而形成)相交来决定全行业产量和价格，然后再由行业边际收益与各厂商的边际成本相等来瓜分产量，出售产品。由于各厂商成本状况不一样，势必造成

各厂商产量不相等，并且由于是按卡特尔统一价格出售产品，因此，有些厂商会盈利多些，有些厂商会盈利少些，甚至发生亏损。为防止供过于求情况发生时各厂商削价竞争带来的损失，盈利多的厂商会根据协议让出一部分利润给盈利小的或亏损的厂商。

五、论述题

1. 根据厂商理论，单个厂商对于产品的供给取决于厂商的利润最大化行为：厂商会依照边际收益等于边际成本的原则决定提供商品的数量。在完全竞争市场上，由于每个厂商都是价格的接受者，所以就单个厂商而言，市场价格是既定的，从而厂商的平均收益和边际收益也是既定的，它们都等于市场价格 P。

厂商的成本取决于生产的技术水平，厂商的行为取决于所使用的不同生产要素的数量以及这些生产要素的市场价格。在这些因素既定的条件下，厂商的成本是其所提供的产量的函数，短期平均成本、平均变动成本和边际成本垣呈现 U 形。

依照边际收益等于边际成本的原则，在既定的价格下，厂商的价格与边际成本的交点处确定产量。当市场价格高于平均成本的最低点时，厂商的总收益大于总成本，从而厂商获得超额利润；当市场价格等于平均成本的最低点时，厂商的边际收益恰好与边际成本在这一点相交，从而所决定的产量使得厂商的总收益等于总成本，此时，厂商获得正常利润；当市场价格低于厂商的平均成本时，厂商处于亏损状态。其是否生产，取决于市场价格是否高于厂商的平均可变成本，如果厂商选择继续生产，它将按价格等于边际成本的原则提供产量。由于在短期内，厂商已经支付了固定成本，所以，它不生产将损失的这一部分成本。因此，只要提供的产出可以抵补可变成本的费用，那么，厂商继续生产就会比不生产损失要小。可见，当市场价格高于厂商平均变动成本的最低点时，价格等于厂商的边际成本决定厂商的产量，此时厂商处于短期均衡，而低于这一点，厂商将关闭生产，供给量为 0。

根据供给曲线的定义，在完全竞争市场上，单个厂商的短期供给曲线是厂商的平均变动成本以上的边际成本曲线。这条曲线上的每一点，都表示厂商在既定的市场价格下对产量的利润最大化的选择。由于边际产量递减规律的作用，厂商的边际成本曲线是一条 U 形曲线，并且利润最大化的产量位于边际成本递增的阶段上，所以厂商的短期供给曲线是一条向上倾斜的曲线。

2. (1)完全竞争行业的短期供给曲线是该行业中厂商的短期供给曲线的水平相加，但不能说该行业长期供给曲线也是该行业中厂商的供给曲线的水平相加。在长期中，厂商数目是可以变动的，当市场需求持续性扩大时，不仅该行业中原有厂商生产规模可扩大，而且厂商会增加。完全竞争行业达到长期均衡状态时，与厂商均衡供给量相对应的成本不是边际成本，而是厂商的长期平均曲线的最低点的平均成本，因而行业长期供给曲线是由市场需求扩大（或缩减）引起的行业供求平衡时各厂商 LAC 曲线的最低点的轨迹，因而不能再是厂商供给曲线的水平相加。根据行业需求和生产变动时产品成本变动的不同情况，行业长期供给曲线的形状可能为水平直线、向右上倾斜和向右下倾斜三种不同情况。

(2)完全竞争市场的行业供给曲线可分为短期和长期的。短期的行业供给曲线以厂商的短期供给曲线为基础。厂商的短期供给曲线是它的短期平均成本曲线最低点以上的边际成本曲线。在生产要素价格不变的情况下,市场或行业的供给曲线是本行业所有厂商的位于平均可变成曲线最低点以上的边际成本曲线的总和,即所有厂商的供给曲线的总和。

在长期内,市场的供给曲线是厂商的长期供给曲线的横向之和,即所有厂商的长期平均成本最低点以上的长期边际成本之和。(但是,由于长期内行业中厂商的数目是变动的,所以,行业中长期供给曲线的形状与厂商进入该行业、行业中产量变动、对行业中厂商的成本的影响有关。)根据这一影响,完全竞争行业的长期供给曲线分为成本不变、递增和递减三种情况。

成本不变行业的长期供给曲线。成本不变行业是指市场需求变动从而行业供给量变动时,企业长期平均成本曲线位置不发生上下移动的行业。当行业中由于市场需求增加而导致市场价格提高时,行业中的厂商获得超额利润,从而引起厂商的进入。厂商的进入,使得行业供给增加,市场价格下降。当行业中的厂商再次处于长期均衡时,每个厂商将仍在平均成本的最低点进行生产。由于厂商的成本曲线不发生变动,所以,该市场的长期供给曲线是一条水平的直线,等于厂商的长期最低平均成本。

成本递增行业的供给曲线。成本递增行业是指市场需求增加会导致行业长期平均成本曲线垂直上移的行业。在行业中的市场价格上升后,当厂商再次处于均衡时,尽管厂商仍会在平均成本的最低点生产,但这时的平均成本提高,行业中的产量增加。所以,该行业的长期供给曲线向右下方倾斜且斜率为正。

成本递减行业是指需求增加会导致企业长期平均成本曲线下移的行业。在价格上升之后,由于厂商的进入所产生的外在经济,使得重新处于均衡的厂商按更低的平均成本提供产出,以满足增加了的需求。所以,该行业的长期供给曲线向右下方倾斜,斜率为负。

3.对完全竞争市场的长期分析是建立在完全竞争厂商的长期调整基础之上的。从长期来看,完全竞争市场上同时进行着两个方面的调整。一方面,厂商为了在既定的产量下花费最小的成本,将不断调整短期内不变的生产要素,使得成本为最低。另一方面,行业中厂商的数目成为变量:行业若存在超额利润,则会引起厂商的进入;若行业中代表性厂商出现亏损,则行业的厂商将离开该行业。就单个厂商而言,边际收益既定,而厂商的边际成本在经过调整之后趋向于长期边际成本。

在完全竞争市场的长期均衡状态下,厂商的平均成本、边际成本和边际收益都相等,且都等于市场价格,这意味着完全竞争市场是有效率的。

(1)从边际成本等于市场价格来分析。边际成本度量了社会生产单位产品耗费资源的成本,而市场价格则衡量了消费者愿意支付给该单位产品的货币(或其他商品)数量,即社会给予该单位产品的价值评判。边际成本等于市场价格意味着,最后一单位的产量耗费的资源的价值恰好等于该单位产量的社会价值,此时该产量达到了最优,因为,如果边际成本大于市场价格,那么就意味着在消费者看来,最后一单位的产品不值那么多钱,从而减少该单位产品的生产会提高全社会的价值总和；反之，如果边际成本小于市场价格，那么增加生产会提高社会的价值总和。这说明，完全竞争企业的产量是最优的。

(2)再从平均成本等于市场价格来看。平均成本是生产者生产所有的产量每单位所花费资源的费用，而市场价格是消费者购买每单位产品时，生产者所获得的收益。平均成本等于市场价格意味着，生产者提供该数量的产品所获得的收益恰好补偿企业的生产费用，从而企业没有获得超额利润，消费者也没有支付多余的费用，这对于买卖双方都是公平的。从另一方面来看，由于在完全竞争市场上，市场价格是一条水平的直线。而在企业处于长期均衡状态时，企业的边际收益和平均收益都等于市场价格，所以，企业提供的产量恰好处于平均成本的最低点。这就是说，当提供该产量时，企业在现有的生产规模中选择了成本最低的一个。所以，完全竞争市场在生产在技术上是最优的，因为企业利用现有技术可能降低生产成本。

(3)完全竞争市场的长期均衡是通过价格的自由波动来实现的。所以，当由于消费者的偏好、收入等因素变动引起市场需求发生变动或由于生产技术、生产要素供给等因素变动引起市场供给发生变动时，市场价格可以迅速作出反应，能及时根据市场供求的状况进行调整。另外，由于在完全竞争市场上企业提供的产品没有任何差别，因而企业没有必要通过广告之类的宣传媒介强化自己的产品在消费者心目中的地位。所以，在完全竞争市场上不存在非价格竞争所带来的资源浪费。

但是，完全竞争市场也并不是完全令人满意，这表现在：

(1)尽管完全竞争市场可以实现产量最大、技术规模最优，但是没有差异的产品并不一定能准确地反映不同消费者的不同偏好，因为对于同一用途的商品而言，完全竞争市场迫使消费者只能选择一种商品。

(2)完全竞争市场上的需求是由单个消费者的需求横向叠加得到的，而单个消费者的需求在很大程度上取决于消费者的收入。如果在经济系统中收入分配不均，那么，收入高的消费者的需求对于市场需求的影响大，而收入低的消费者的需求对于市场需求的影响小。这样，市场需求的变化主要反应收入高的消费者的需求变化。因此，完全竞争市场的价格并不一定能准确反应所有消费者的需求。

(3)完全竞争市场要求，每一个生产者提供的产量只占很少的市场份额，这就限制了企业的生产规模。在市场需求既定的条件下，现有的技术为大规模生产提供了可能。也就是说，现有的技术使得平均成本有可能在很大的产量范围内处于递减阶段。但是，受到需求的制约，完全竞争市场不允许一家企业提供过多的产出，迫使企业只能选择小规模的生产技术。所以说，竞争市场未必能使企业选择最优的技术，或者说，选择最优技术生产不一定能满足完全竞争的假设条件。

由于完全竞争市场的高效率以及它过于严格的限制，使得该种市场经常被看做一种理论模式。

4.垄断竞争市场是指那些有许多厂商生产有一定差别的产品的市场结构。在这类市场中,既有垄断的因素,又有竞争的成分,因而单个厂商所面临的需求曲线向右下方倾斜,并且由于厂商的进入和退出,使得单个厂商的需求曲线时常发生变动,并具有较大的价格弹性。

在垄断竞争市场上,厂商可以采取策略性行为。在认为其他厂商不改变价格的判断下,厂商预期通过降低价格增加更多的收益,这条曲线构成了厂商的主观需求曲线。但是,如果行业的所有厂商都依照各自的主观需求曲线行事,那么垄断竞争厂商所面临的实际需求曲线尽管也向右下方倾斜,但价格弹性小于相应的主观需求曲线。垄断竞争厂商依照主观需求曲线所决定的边际收益与其边际成本的交点确定生产量,但必须按实际需求曲线所对应的价格取得收益,从而得到实际的边际收益。如果主观的边际收益不等于实际的边际收益,那么,厂商将调整生产量直到二者相等为止。这样,垄断竞争厂商按主观需求曲线行事的结果是按实际需求曲线得到收益。

在短期内,垄断竞争厂商根据主观需求曲线所对应的边际收益等于边际成本的原则决定产量,在这一产量对应的实际价格与主观价格相等时,厂商处于短期均衡。在短期内,处于均衡的厂商可以获得超额利润、正常利润或亏损,但处于亏损时,所获得的收益必须能抵补厂商生产所支付的可变成本。在长期内,由于厂商的进入和相互模仿,短期内可以处于垄断地位的厂商渐渐失去了垄断地位,即它所面临的市场需求减少。当厂商根据主观需求所对应的边际收益与边际成本相等决定的。当产量所对应的平均收益等于平均成本时,行业中厂商的进入或退出停止,厂商处于长期均衡,条件为:长期(主观)边际收益等于边际成本,长期平均收益等于长期成本。当长期均衡时,垄断竞争厂商只获得正常利润。

由于垄断竞争厂商的需求曲线向右下方倾斜,所以在长期均衡时,垄断竞争市场上的价格高于完全竞争市场,且产量低于完全竞争市场。并且,垄断竞争厂商为了强化产品的差异而进行的广告宣传,也未必不是一种资源的浪费。这是垄断竞争市场缺乏效率的表现。但是,由于完全竞争市场在现实中很少见,而且也由于垄断竞争市场的竞争推进技术进步和产品的多样性,所以垄断竞争市场常被认为是一种较有效率的市场结构。

垄断竞争市场理论是以产品差异和自由竞争为主要条件的,因而理论分析很少涉及由生产集中所形成的垄断厂商的均衡。从垄断竞争理论本身来看,这一理论体本身仍然建立在较严格的假设之上。

5.寡头垄断是指少数厂商垄断了某一行业的市场,控制了这一行业的供给,其产量在该行业总供给中占有很大比重的市场结构。它的基本特点是:厂商数量较少,新的厂商加入该行业比较困难;产品既可同质,也可存在差别,厂商之间同样存在激烈竞争;厂商之间互相依存;厂商行为的不确定性。

寡头的行为模式主要有:

(1)独立行为——古诺模型。古诺模型主要分析两个寡头厂商的产量和价格决定问题。假定行业中只有A和B两家寡头厂商,两个厂商都准确地了解市场的需求曲线,并在已知对方产量的情况下,各自确定能够使得自身利润最大化的产量。古诺模型往往用反应函数加以说明。反应函数表明每个厂商的产量都是其竞争对手的产量的函数。在假定两个厂商平均成本和边际成本都相等，当现有市场需求既定时，双寡头竞争的最终结果是每个厂商生产市场总容量的 1/3 所形成的均衡价格约为市场最高价格的 1/3，这一产量与价格的结合被称为古诺双寡头模型的均衡解。若行业中寡头厂商的数量为 m 时，古诺模型的均衡产量为：每个寡头厂商的均衡产量＝市场总容量/$(m+1)$。

(2)独立行为——斯威齐模型。斯威齐模型又称为折弯的需求曲线模型。这一模型要说明的是寡头市场上存在价格黏性的原因，即价格变动慢的原因。这一模型认为，如果一个寡头价格上升，其他寡头不会追随，但如果一个寡头价格下降，则其他寡头也会这样做。这就说明，寡头市场上价格有向上的黏性(即不易上升)。

斯威齐模型对寡头厂商行为的假定是：当一家厂商降低价格时，所有其他竞争对手马上作出反应，相继降低价格，而当一家厂商提高价格时，所有其他厂商并不随之提高价格。在某一市场价格上，某一家厂商提高价格会损失较多的销售量，而当它降低等量价格时却不能争取到同样多的销售量，因而该厂商面临的需求曲线在这一市场价格上方较为平缓，即需求价格弹性高，而在下方，需求曲线较为陡峭，即需求价格弹性低。也就是说，寡头厂商面临的需求曲线在这一市场价格处折了一个弯。在对应于折弯的需求曲线上的这一价格的产量附近，增加一单位的销售量所带来的价格减少幅度较大，因而边际收益更低；而减少一单位的销售量所提高的价格幅度较小，因而边际收益较高。因此，厂商的边际收益曲线在此处是断开的。对应于小于该产量的需求曲线，厂商的边际收益曲线较高，而对应于大于该产量的需求曲线，厂商的边际收益曲线较低。假定与其他的厂商一样，寡头厂商的成本曲线具有典形的 U 形形式。为了使利润最大化，寡头厂商按 $MC=MR$ 原则确定最优产量。寡头厂商均衡的特殊之处在于，在折弯的需求曲线模型下，当需求既定，无论寡头厂商的成本发生多大的变动，只要边际成本位于两段边际收益之间，厂商就不会改变价格。因此，折弯的需求曲线模型说明了寡头厂商不会轻易改变价格的行为特征，从而解释了寡头垄断市场上的价格刚性问题。

(3)合作行为的寡头——卡特尔。卡特尔是寡头垄断厂商用公开或正式的方式进行互相勾结的一种形式。它是一个行业的独立厂商之间通过有关价格、产量和市场划分等事项达成明确的协议而建立的垄断组织。卡特尔的主要任务：一是为各成员厂商的同质产品规定统一的价格；二是在各成员厂商之间分配总产量。在卡特尔中，参与市场活动的各个厂商往往签订有关价格、产量和销售区域等事项的明确协议。由于有明确的协议，卡特尔组织往往以一个垄断者的身份出现，根据卡特尔组织面临的需求曲线确定整个组织的边际收益曲线，并将各个成员的边际成本曲线横向相加得出卡特尔的边际成本曲线，再根据边际收益等于边际成本的利润最大化原则确定产量，并在需求曲线上确定价格。在确定卡特尔的总产量之后，卡特尔组织会按照事先达成的协议向各个成员分配产量配额，一般来说，按照所有成员的边际成本都相等的原则分配，但由于各个成员的经济实力不完全相同，从而获得产量配额的机会也不均等。

6. 在完全垄断市场上，单一价格垄断者是对其产品的每一单位都收取相同价格的垄断者。

垄断市场上一个企业就是一个行业，所以，企业所面临的需求曲线与整个行业的需求曲线是相同的，即一条向右下方倾斜的线。

此时，平均收益总等于价格，即 $AR=PQ/Q=P$，也就是说，企业的需求曲线就是它的平均收益曲线。这样，平均收益曲线与需求曲线相重合，为一条向右下方倾斜的曲线。这意味着，在垄断市场上，垄断企业产量增加，价格下降，所以，平均收益也随着产量的增加而下降。

因为平均收益曲线向右下方倾斜，根据平均量和边际量之间的相互关系可以推知，垄断厂商的边际收益 MR 总是小于平均收益 AR，边际收益也随产量增加而减少，因此，边际收益曲线还是一条向右下方倾斜的曲线，且在平均收益曲线之下。

这说明，随着产量增加，平均收益与边际收益都有递减，但边际收益下降也比平均收益更快。

六、计算题

1.(1)根据短期成本函数可知，边际成本函数为短期总成本的一阶导数，$SMC=3Q^2-12Q+30$，而 $P=66$，根据利润最大化的条件 $P=MC$ 得：$Q_1=6$，$Q_2=2$。根据二阶条件判断，$Q=6$为利润最大化的产量，利润 $\pi=TR-TC=176$。

(2)厂商退出行业的条件是价格低于平均可变成本的最小值，即：

$$AVC=VC/Q=(Q^3-6Q^2+30Q)/Q=Q^2-6Q+30$$

其最小值处为一阶导数为零点，$dAVC/dQ=0$，得 $Q=3$。

当 $Q=3$ 时，$AVC=21$，所以当价格低于 21 时，厂商就会退出生产。

2.(1)市场均衡价格为 $Q_S=Q_D$，得 $P=80$。

根据利润最大化的条件 $MR=MC$，而完全竞争市场中 $P=MR$，所以 $P=MC$，有

$$MC=dVC/dQ=0.3q^2-12q+132.5$$

所以 $0.3q^2-12q+132.5=80$，解得 $q_1=35$，$q_2=5$。

经检验，$q=35$ 为利润最大化的产量。

(2)利润 $\pi=TR-TC=pq-(0.1q^3-6q^2+132.5q+400)=825$。

(3)固定成本的变动不会影响 MC，只会影响利润。

当固定成本的增量 C 为 825，厂商净利润为零。

当 C 超过 825 时，厂商的净利润开始为负，产生亏损，但只要 C 小于 1225 元，此时的总收益能够补偿全部的变动成本和一部分固定成本，短期内厂商仍然会选择生产。

当 C 超过 1225 元时，总收益不仅不能补偿固定成本，连可变成本都无法补偿，此时厂商应停止生产。

3.根据利润最大化的产量觉得原则 $MR=MC$，$MR=dTR/dQ=100-2Q$，$MC=6$，得 $Q=47$。$P=AR=TR/Q=100-Q=53$。

4.(1)根据市场需求函数可知 $p=400-0.1Q=400-0.1(q_1+q_2)$。

求厂商 1 和厂商 2 的反应函数即对厂商 1 和厂商 2 的利润函数求一阶偏导数：

$$\pi_1 = TR_1 - TC_1 = pq_1 - TC_1 = [400 - 0.1(q_1 + q_2)]q_1 - (0.1q_1{}^2 + 20q_1 + 100000)$$

$$\pi_2 = TR_2 - TC_2 = pq_2 - TC_2 = [400 - 0.1(q_1 + q_2)]q_2 - (0.4q_2{}^2 + 32q_2 + 20000)$$

π_1对 q_1求偏导数得厂商 1 的反应函数：$q_1 = 950 - 0.25\ q_2$。

π_2对 q_2求偏导数得厂商 2 的反应函数：$q_2 = 368 - 0.1\ q_1$。

(2)将反应函数 1 和反应函数 2 联立得均衡产量和价格：$q_1 = 880$ ，$q_2 = 280$，$Q = 1160$。

$$p = 400 - 0.1Q = 400 - 0.1(q_1 + q_2) = 284$$

(3)将对应的产量和价格带入厂商 1 和厂商 2 的利润函数得：$\pi_1 = 54880$，$\pi_2 = 19200$。

第七章

Chapter 7

分配理论

【考点归纳】

1. 了解边际产量(MP)、边际收益产品(MRP)、边际产品价值(VMP)、边际要素成本(MFC)的概念 。

2. 掌握完全竞争市场和不完全竞争市场要素价格的决定。

3. 理解向后弯曲的劳动力供给曲线是如何形成的。

4. 了解利率、租金及利润是如何形成的。

【要点解读】

1. 生产要素的需求与供给

生产要素价格决定的主要理论基础是所谓的边际生产率分配论,该理论是由美国经济学家J·B·克拉克最先提出来的。他认为:在其他条件不变和生产力递减的前提下,一种生产要素的价格取决于其边际生产力。在此基础上,其他经济学家作了更加深刻的分析,认为边际生产力只是决定要素需求的一个方面,厂商在决定要素的使用是还必须考虑要素的使用成本。只有当要素的边际成本和边际收益相等时,厂商的利润才会达到最大。此外,要素的供给与要素的需求一样,同样也是决定要素价格的一个重要方面。我们将在下面具体研究。

(1)生产要素的需求。

生产要素的需求是一种派生的需求。也就是说,由于对产品的需求而引起了对的生产要素的需求。厂商之所以需要生产要素是为了用它生产出各种产品,实现利润最大化。

①需求曲线。

因 MP 递减，$VMP = MP \times P$ 也递减(图 7.1)。如要素价格为 W_1，根据 $VMP = W$，则决定要素量应为 L_1；如果要素价格为 W_2，根据 $VMP = W$，则决定要素量应为 L_2。所以，要素的需求曲线即是 VMP 线。

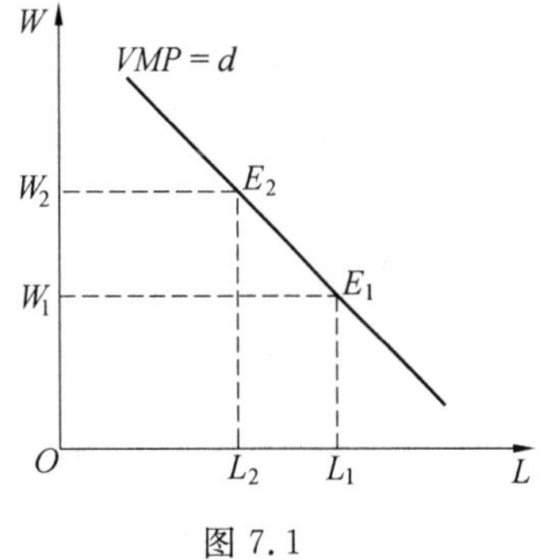

图 7.1

影响生产要素需求的主要有这样一些因素：

a. 市场对产品的需求及产品的价格。这两个因素影响产品的生产与厂商的利润，从而也就影响生产要素的需求。一般而言，市场上某种产品的需求越大，该产品价格越高，则生产这种产品所用的各种生产要素的需求也就越大。

b. 生产技术状况。生产的技术决定了对某种生产要素需求的大小。如果技术是资本密集型的，则对资本的需求较大；反之，相反。

c. 生产要素的价格。各种生产要素之间有一定程度的替代性，如何进行替代在一定范围内取决于各种生产要素本身的价格。厂商一般要用价格低的生产要素替代价格高的生产要素，从而生产要素的价格本身对其需求就有重要影响。

生产要素需求的联合性与派生性，决定了它的需求比产品的需求要复杂得多，在分析生产要素需求时要注意以下问题：

a. 产品市场结构的类型是完全竞争还是不完全竞争。

b. 一家厂商对生产要素的需求与这个行业对生产要素需求的联系与区别。

c. 只有一种生产要素变动与多种生产要素变动的情况。

d. 生产要素本身的市场结构是完全竞争还是不完全竞争的。

在以上分析中，我们要说明在不同产品结构市场上，当生产要素市场为完全竞争时一家厂商对一种生产要素的需求。

(2)生产要素的供给。

①要素供给曲线。

由于要素市场是完全竞争市场，要素的价格是一个常数，供给曲线是水平线，弹性为无穷大。

市场的供给曲线 S_T 向右上方倾斜(图 7.2)。

生产要素有多种，不同种类的生产要素有自己的特点。一般来说，可以把生产要素分为三类：第一类是自然资源。在经济分析中假定这类资源的供给是固定的。第二类是资本品。资本品是利用其他资源生产出来的。因此，这种要素的供给与一般产品的供给一样，与价格同方向变动，供给曲线向右上方倾斜。第三类是劳动。在市场经济中，大部分生产要素归个人所有。劳动作为人力资本只能出租，不可出售。资本和土地一般为家庭和企业所有。

劳动供给是由许多经济和非经济的因素决定的，劳动供给的主要决定因素是劳动的价格，即工资率和一些人口因素，如年龄、性别、教育和家庭结构等。

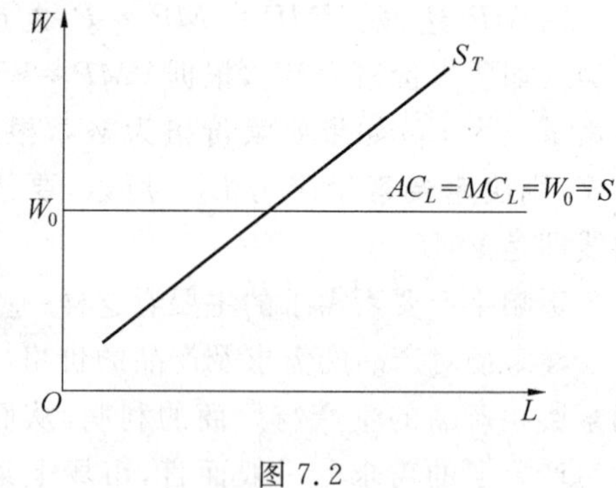

图 7.2

土地和其他自然资源的数量是由地质来决定的，并且不可能发生重大变化，尽管其质量会受到自然资源保护状况、开拓方式和其他改良措施的影响。

资本的供给依赖于家庭、企业和政府部门过去的投资状况。从短期看，资本像土地一样固定不变，但从长期看，资本的供给对收入及利息率等经济因素非常敏感。

2. 工资理论

(1)劳动需要。

劳动需要是指在各种可能的工资下，企业愿意雇佣的劳动数量。对于每一个具有理性的企业而言，总是根据利润最大化的原则来选择使用劳动的数量。而且，整个市场的劳动需求曲线是把所有需要劳动的企业的需求曲线沿横向相加而得到的。当工资率提高时，所有的企业使用劳动的数量将减少，从而劳动的市场求量减少；反之，当工资率降低时，整个企业对劳动需求量的增加将导致劳动的市场需求量增加。

我们可根据边际报酬递减规律来理解企业的劳动需求行为。既然追加劳动给企业带来的产量或收益增量式递减的，企业自然只愿意对追回的劳动支付较低工资。

(2)劳动供给。

假定消费者可以自由支配的时间资源每天为 16 小时。设劳动供给量为 6 小时，则余下的 10 小时为闲暇时间。劳动供给问题就是如何决定其全部资源在闲暇和劳动供给两种用途上的分配。消费者选择闲暇直接增加了效用，选择劳动则可以带来收入，通过收入用于消费者在增加消费者的效用。

①劳动供给的定义。

劳动供给指在各种可能的工资下，人们愿意提供的劳动数量。在生产要素市场上，劳动者需要决定是否工作以及做哪种工作等。同时，劳动者的选择又受到得到工作的可能性、市场工资率以及劳动者本身劳动技能等因素的限制。为了简单起见，在下面的分析中我们仅考虑劳动供给量与工资二者之间的关系。

在工资不是很高的情况下，只是工资上升才能诱使人们提供更多的劳动。这是由于劳动者的负效用随劳动时间延长而递增，如工作的劳累、单调受别人支配等。此外，工资上升使劳动时间以外的时间(统称闲暇)的机会成本上升，促使人们选择更多的劳动并相应放弃闲暇。

在工资很高的特殊情况下，工资上升反而会使劳动供给量减少。这是因为人们追求的最中目标得到最大满足，而不是单纯地得到最大收入。很高的工资水平使人们的基本生理需要（衣、食、住、行）得到大体满足，于是人们开始对娱乐、旅游、学习、休息、社会交往等活动提出更高要求。为了增加闲暇，需要相应减少劳动时间。工资提高可以使人们在减少劳动供给量的同时，维持收入水平大体不变或仍有所增加。

②劳动的供给曲线向后弯曲的原因。

替代效应：工资率提高后，人们觉得工作带来的工资的效用较大，对闲暇的替代程度较大，人们更愿意工作，劳动供给增加。这表现为劳动的供给应和工资率成同向变动。

收入效应：工资率提高后，收入提高，对闲暇的需求也增加，劳动供给减少。这表现为劳动的供给应和工资率成反向变动。

如替代效应大于收入效应，劳动供给曲线向右上方倾斜，否则向左上方倾斜。

(3)工资的决定。

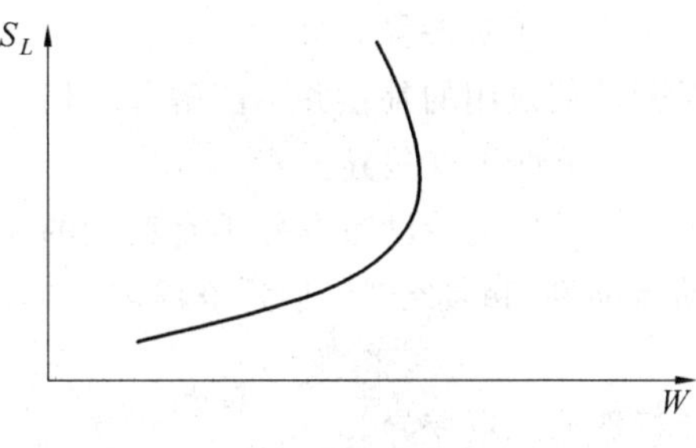

图 7.3

①工资的性质与种类。

工资是对劳动力的报酬，也是劳动这种生产要素的价格。劳动者提供了劳动，获得了作为收入的工资。根据工资性质的不同，可以从不同的角度把工资分为不同的种类。从计算方式分，可以按劳动时间计时工资与按劳动成果计算的计件工资。从支付手段可分，工资可以分为按货币单位衡量的名义工资（或称货币工资）与按实际购买力衡量的实际共工资。

通过谈判提高工资标准。工会可以在罢工等手段的支持下，通过谈判，与雇主达成提高工资标准的集体协议。在企业具有一定程度的市场支配力的情况下，工会的出现有助于形成力量抗衡的格局。但是，若工资标准规定得过高，可能使企业相应减少劳动需要量，导致非工会会员就业机会减少。同时，许多国家往往还会因工会规定过高的工资标准引起工资、物价螺旋上涨的通货膨胀。

②均衡工资决定。

将所有单位消费者的劳动供给曲线水平相加，即得到整个市场的劳动供给曲线。尽管许多单个消费者的劳动供给曲线可能会向后弯曲，但劳动的市场供给曲线却不一定如此。在较高的工资水平上，现有的工人也许提供较少的劳动，但高工资也吸引进来新的工人，因而总的市场劳动供给一般还是随着工资的上升而增加，因此市场劳动供给曲线仍然是向右上方倾斜的。

由于要素的边际收益递减，要素的市场需求曲线通常总是向右下方倾斜。劳动的市场需求曲线也不例外。将右下方倾斜的劳动需求曲线和向右上方倾斜的劳动供给曲线综合起来，即可决定均衡工资水平。如图 7.4 所示，W^* 为均衡的工资中，L^* 为均衡的劳动力量。

如劳动的需求或供给发生变化，会导致工资发生变动。

③工资差异的原因。

上述劳动市场均衡工资率的分析是就单一劳动技能或同一种职业而言的，在现实的劳动市场中，不同国家、地区、部门、职业、群体和个人之间的工资差异是十分明显的。经济学通常从四个方面来解释工资差异。

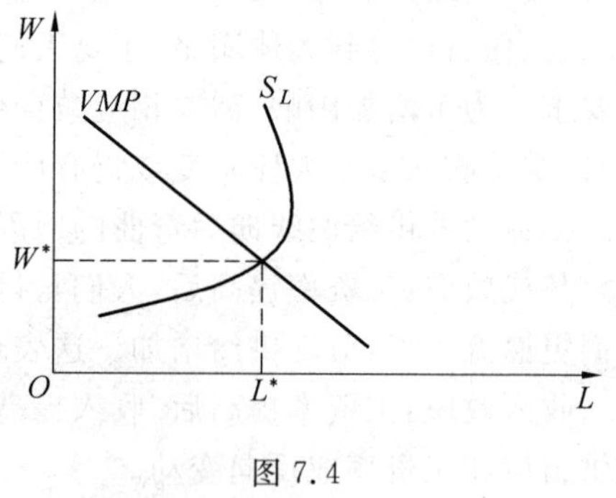

图 7.4

a.补偿性工资差异。

不同工作的负效用并不相同，为了使人们进入吸引力较小的工作领域，企业需要支付较高的工资进行补偿。

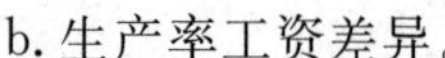

b.生产率工资差异。

对劳动负效用的补偿并不能解释一切工资差异。

c.非竞争性工资差异。

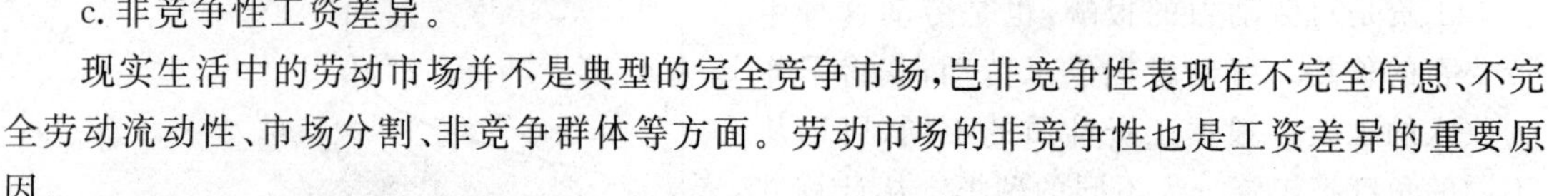

现实生活中的劳动市场并不是典型的完全竞争市场，岂非竞争性表现在不完全信息、不完全劳动流动性、市场分割、非竞争群体等方面。劳动市场的非竞争性也是工资差异的重要原因。

d.特殊的工资差异。

某些个人拥有非凡的才能，并在特定的环境中获得特别高的收入。

各种要素的市场价格。短期价格主要是由于对它的需求和现有供给量的关系所决定的。对于生产要素来说，无论是人们还是物质要素，这种需求都是从对它生产出来的商品的需求派生而来的。在相对短的时间内，工资的变动不会在产品价格变动之前实现变动。

3.利息理论

(1)资本的需求。

首先，我们要明确何为资本？在西方经济学中，一般把资本定义为由经济制度本身生产出来并被用做投入要素以便进一步生产更多的商品和劳务的一种物品。而且，作为一种与劳动和土地并列的生产要素，资本有其独特的特征，具体概括如下：第一，其数量是可以改变的，也就是说，资本可以由人们的经济活动生产出来；第二，资本被生产出来的目的是为了依靠它进一步获取更多的商品和劳务；第三，资本是一种投入要素，要得到更多的商品和劳动就必须把其投入到生产中去。

①资本需求的定义。

资本需求是指在各种可能的利率下，企业对资本的需求量。企业在追加投资时会面临一系列可以选择的投资项目，如扩大厂房、购买设备、采购原料等。在各种投资项目中的单位资本给企业带来的货币收益是不相同的。企业总是优先选择最有利可图的项目，然后选择排序第二的有利项目，以此类推。由于资本增量所带来的货币收益增量递减，所以，资本需求曲线

D_k 自左上方向右下方倾斜。

②资本的需求曲线。

资本的需求曲线是一条与劳动和土地需求曲线相类似的曲线，即资本需求曲线是一条由左上方向右下方倾斜的曲线。其原因是在其他生产要素不变的条件下，资本的边际生产力是递减的，也就是说，资本的边际收益产品是递减的，而厂商生产经营的目的是利润最大化，因而厂商购买资本品愿意付出的价格越高，厂商生产产品的成本就越高，厂商购买资本生产要素的数量就越少。因为厂商会购买其他价格较低的、更加有利可图的其他生产要素来替换资本生产要素。

资本市场的供给曲线与需求曲线的焦点就是均衡点，该点所代表的利息率就是均衡利息率，所对应的资本数量就是均衡资本量。

(2)资本的供给。

①资本供给的定义。

资本供给是指在各种可能的利率下，人们愿意提供的资本数量。资本供给来自人们为获取利息而进行的储蓄。一般来说，利率越高，人们越愿意进行储蓄。这是因为储蓄要人们付出某种代价，如由于资金使用不便而牺牲目前的消费，放弃有可能出现的利用资金的机会等，利息则是对人们的上述牺牲所作出的补偿。因此，资本供给曲线自左下方向右下方倾斜。

②资本的供给曲线。

资本供给在短期内可以近似地为一个固定的量，因为任何国家在一个短期内的资本品即机器、设备、厂房、道路等是不会改变其数量的。因此，资本的短期供给曲线可以近似地被看成是一条平行于纵坐标的垂线，而资本的长期供给曲线则是一条自左下方向右下方倾斜的曲线，因为在长期内，一个国家的资本会累积逐渐增大。

资本的需求为什么会随着时间的累计而增大呢？原因何在？按西方经济学的观点认为，其原因在于人们愿意牺牲目前的消费换取将来更多的消费，而人们牺牲的目前的消费与换取的将来更多的消费的差额就是利息，利息越大，将来给人们的报酬越多，人们就愿意更多地牺牲现在的消费，因而资本累积量增多。这也是资本长期供给曲线向右上方倾斜的原因。

利息率是资本的价格。纯粹利息率是指在理想的市场环境中，单纯由资本供求决定的利率。理想的市场环境包括以下条件：资本自由流动；不存在风险；不考虑借贷期限差异；不考虑管理费用；不考虑市场分割与借贷方式差异等。

(3)利息的决定。

①短期利息率的决定。

提供资本物品以时间为单位，在短期中，增加出租时间，其成本(折旧、维修费和服务费)并不随之增加。因此，这里假定短期中资本存量固定不变。

②长期利息率的决定。

如果上述利息率被认为是高利率，那么，人们就会进行更多的储蓄，则储蓄通过投资将不断转化为资本，厂商或设备租赁公司会购买新机器，从而引起长期资本供给曲线和利率水平发生变动。

③信贷配给。

在现实生活中，银行通常实行信贷配给政策，即人为地压制利率并造成一个资本供求缺口，然后利用配给手段向一部分申请人发放贷款，而不向另一些申请人发放贷款。

信贷配给普遍存在多方面原因。首先，贷款是有风险的，在一般情况下，收益率越高则风险越大。因此，如果单纯以利率信号来配置资本，就会导致风险超出了银行能够承受的程度。其次，如果听任市场机制提高利率，就会引起一种逆向选择，即不利于银行的贷款选择。那些愿意借款的人是承担高风险投资项目的企业，而从事低风险投资项目的企业则无力负担高利率而退出竞争。由于借款者从事的投资项目风险过高，往往不能按时偿还贷款。高风险贷款的副作用往往大于高利率带来的直接收益。同时，从另一个角度来考虑高利率本身问题，即借款人了解自己选择的投资项目的风险和违约概率，而银行了解的只是借款人提供的可能有片面或虚假成分的信息。以上所述诸种因素，在很大程度上将会导致道德风险和加剧逆向选择，不利于信贷市场的发展。信贷配给虽然不能从根本上解决信息不对称问题，但是由于它降低了利率，减少了人们冒险从事高风险项目并为此而造假的事件，同时它造成的资本供给缺口也给银行提供了选择和比较各项投资项目的余地。因而，在现实中，往往被众多银行金融机构用来作为应对信息不对称和道德风险的实现策略。

④名义利率与实际利率。

实际利息率是名义利息率减去通货膨胀率。在高通货膨胀时期，实际利息率和名义利息率的差异是很引人注目的。在 1979～1980 年期间，美国的名义利息率高达每年 12%。但是扣除利息率是资本的价格，纯粹利息率是指在理想的市场环境中，单纯由资本供求决定的利率。

⑤利率管制。

利率管制是指政府用行政手段规定利率的最高界限。各国在特定时期进行一定程度的利率管制是必要的，但是，长期的和力度很大的利率管制可能带来一些负面影响。首先，利率管制可能挫伤人们进行储蓄的积极性，给经济增长带来消极影响。其次，过低的利率使利率丧失资源配置功能，不能准确反映资本的机会成本，从而不利于资金利用率的提高。最后，在过低的通货膨胀时期，利率管制容易导致负的实际利率。

⑥利率差异。

在现实生活中，即使在同一时期，我们也可以看到许多种不同的利率。利率差异主要来源自以下四种因素的差异。

a. 期限或到期日。

不同的金融资产往往有不同的期限或到期日，隔夜贷款规定第二天归还，抵押贷款有高达数年或数十年的期限。由于利息是对资金使用不便的补偿，所以期限越长，利率越高。

b. 风险。

不同的投资和贷款存在不同的风险。例如，购买中央政府发行的债券几乎没有风险，而购买一个濒临破产的公司发行的债券便面临很大的无力偿付的可能性。银行向信誉高的部门或企业贷款所收取的利率可能低于其他部门或企业支付的利率。高风险投资和贷款的较高利率是必要的，其溢价部分通常要用于违约情况下蒙受损失的补偿。

c. 流动性。

流动性是指资产在无损的变现能力。衡量资产流动性的指标有两个：一个是资产变现成本，某项资本变现成本越低，则该项资产的流动性就越强；二是资产变现的速度，某项资产变现的速度越快，即越容易变现，则该项资产的流动情况越弱。例如，美国的国库券有发达的二级市场，人们很容易按接近于现值的价值把它变为现金，所以其利率相对较低。而不可转让的债券的流动性较差，其利率会相对较高。

d. 管理成本。

不同的贷款和投资需要不同的管理成本。金融机构自然要把管理成本转嫁到利息之中。相对于小额贷款而言，大额贷款的管理成本无需按贷款金额成倍增加，其利率也相应低于小额贷款。对于不熟悉的客户，银行要雇用侦探和律师进行调查，管理成本较高，从而对其贷款也要收取较高利率。

4. 租金理论

(1)土地需求。

经济学所指的土地是泛指一切自然资源。土地价格取决于土地的需求和供给。

土地需求是指在各种可能的地租下，人们对土地的需求量。一般来说，地租越高，人们对土地的需求量越少；地租越低，人们对土地的需求量越大。这是边际报酬递减规律发生的作用结果。在现实生活中，土地有多种用途，如可用于盖房、修路、种庄稼、养鱼虾等。在其他条件大致相同的情况下，不同用途的土地给租用土地者带来的收益是不同的。在地租较高时，只有土地利用效用特别高的人们才能租用土地，随着地租下降，租用土地的人们才会逐渐增多。

(2)土地供给。

土地供给是指在各种可能的地租下，人们愿意提供的土地数量。由于土地是自然界直接提供的生产要素，因此其供给是缺乏弹性的。在一般情况下，地租上升不会使土地供给增加；地租下降不会使供给减少。若反映在图形上，土地供给则表现为一条垂直于横轴的直线。

(3)地租的决定。

租金是指固定供给的一半资源的价格。地租是当土地供给固定时的土地服务价格，因而地租只与固定不变的土地相关系，但是在很多情况下，不仅土地可以看成是固定不变的，而且有许多其他资源在某些情况下，也可以看成是固定不变的。例如，某些人的天赋才能，就如土地一样，其供给是自然固定的，这些固定不变的资源也有相应能够的服务价格。这种服务价格显然与土地的地租非常类似。为与特殊的地租相区别，把这种供给固定不变的一般资源的服务价格称为租金。换句话说，地租是当所考虑的资源为土地时的租金。而租金则是一般化的地租。

①地租的性质。

地租是土地这种生产要素的价格，地主提供了土地，得到了地租。如前所述，土地可以泛指生产中使用的自然资源，地租也可以理解为使用这些自然资源的租金。

②地租的决定。

地租取决于土地的供给。由于土地的供给不变，需求会不断增加，地租呈不断上涨的趋势。

③租金、准地租和经济租金。

租金是指固定供给的一般资源的价格，地租是当土地固定时的土地服务价格，因而地租只与固定不变的土地有关。但在很多情况下，不仅土地可以看成是固定不变的，而且有许多其他资源在某些情况下也可以看成是固定不变的，因而得出地租和经济租金两个概念。

准租金是指对供给量暂时固定的生产要素的支付，即短期内固定生产要素带来的收益，即：

$$租金=固定总成本+经济利润$$

经济租金是指长期中数量的减少不会引起要素供给量减少的要素收入。要素供给量固定时意味着，要素价格的下降不会减少该要素的供给量。因此有如下结论：

$$经济租金=要素收入(固定总成本)+机会总成本$$

④公有地悲剧。

如果对土地这种稀缺资源不收取租金，允许所有人自由地使用土地，就会产生灾难性的后果。公有地悲剧描述了一个对所有人都开放的牧场上发生的悲剧，由于每一个放牧人都力图使个人收益最大，无节制地扩大自己的牛群，结果牧场被破坏了。在现代社会上，这种对资源的滥用仍然存在。

5. 利润理论

(1)利润。

企业把它的产品销售收入扣除生产过程中所用的劳动、土地、资本等各项成本，再扣除应缴纳的税款之后，剩余部分就是企业利润。经济学所称的成本已经包含了正常利润。它把企业家的管理才能也算作是一种生产要素，在正常情况下，发挥企业家才能所能得到的报酬为正常利润。经济学所说的利润，实际上就是产品价格高于其平均成本而得到的超额利润，它又被称为纯利润或经济利润。

(2)利润来源。

①利润是承担风险的报酬。

企业家在经营活动中，会遇到许多事先难以预料的不确定情况。这种不确定情况可能会给企业家带来意想不到的高收入，但也有可能带来巨大的损失。企业家必须承担一定的奉贤。

经济利润就是对企业家承担风险的报酬。

②利润是创新的结果。

美籍奥地利经济学家熊彼得提出一套“创新理论”。他认为：超额利润是企业家创新活动的结果。以下这些情况都可以看做是“创新”：提供新产品；引进新技术和新工艺；开辟新市场；控制原材料的新来源。这些创新提供了新的投资机会，刺激了经济的不断增长，产品的生产成本不断降低，销售收益则不断增长，形成收益超过成本的一个余额，即超额利润。这个超额利润会由于竞争消失。但是在一个动态社会中，人们的创新活动并无止境。所以，社会上也就总是会有超额利润存在。

③利润是垄断的产物。

由于市场的不完全性，使一部分厂商获得经济利润。如果某厂商具有卖家垄断，它是某种产品的主要购买者，它就可以把价格压到较低的水平而使自己的生产成本明显降低。于是它的收益减去成本后就有一个余额。卖方垄断也能获得这种经济利润。甚至某个厂商只要垄断了某种专有生产技术、专利，或具有声誉较好的商标，它就能使自己赚的经济利润更高。

在理论上，利润来源可归纳为四个方面：

a. 隐含收益。

隐含收益是指企业自有要素的机会成本。例如，在一个夫妻店中，总成本并未包括夫妻二人的工资、自有店铺的租金和自有资金的利息。但是，如果夫妻二人不开店，可以获得在他处工作的工资、出租店铺的租金和存款利息。在大公司中，自有投资资金的隐含收益是企业利润相当重要的来源。

b. 承担风险的报酬。

任何企业的经营都与某种程度的不确定性和不完全信息相联系。企业可以将一部分风险进行保险，这部分风险的保险支出要纳入成本。但是，有些风险是不可保险的，如供给和需求结构的变动引起企业成本和收益的变动，商业周期造成的企业收益波动等。企业通常是厌恶风险的，利润则是对企业承担风险的报酬。

c. 创新和企业家才能的报酬。

创新指企业家对生产要素的重新组合，包括发明和采用新的技术和设备，改变生产组织方法和经营方法，引入新产品、新样式和新包装，开辟新市场，找到和控制新的原材料供应来源等。创新需要企业家才能，创新者要有眼光、有创造力，在经营中勇于引进新思想，敢于做前人没有做过的事。在创新的道路上，许多人都失败了，成功者只是少数。但是，每一位成功的创新者都开辟了一个新领域，并从而获得超额利润，即超过一般利润水平的利润。超额利润不可能长期存在，竞争对手很快就会对成功的创新进行模仿。企业要想在竞争中不断成长壮大，就需要不断寻求新的创新来源。

d. 垄断的收益。

一些企业具有一定的垄断权力。例如，如果某企业是一种贵重药品专利的唯一拥有者，它就可以把药品价格抬得很高。又如,某企业获得政府特许生产香烟的权利,也可以通过限产提价获得垄断利润。

6. 洛伦兹曲线与基尼系数

(1)洛伦兹曲线。

洛伦兹曲线是根据实际统计资料而作出的,反映人口比例与收入比例对应关系的曲线。它是美国统计学家M·O·洛伦兹为了研究国民收入在国民之间的分配问题而提出来的。他先将一国人口按收入由高到低排队,然后考虑收入最低的任意百分比人口所得到的收入百分比。将这样的人口累积百分比的对应关系描绘在图形上即得到洛伦兹曲线。

洛伦兹曲线表示一定的人口所占有的收入占总收入的比重,以此来表示收入分配的平等程度,其中对角线 OX 是收入分配的绝对平等线(图 7.6),表示每个人的收入都是一样的,洛伦兹线越接近该线,即越不弯曲,收入分配越平等。

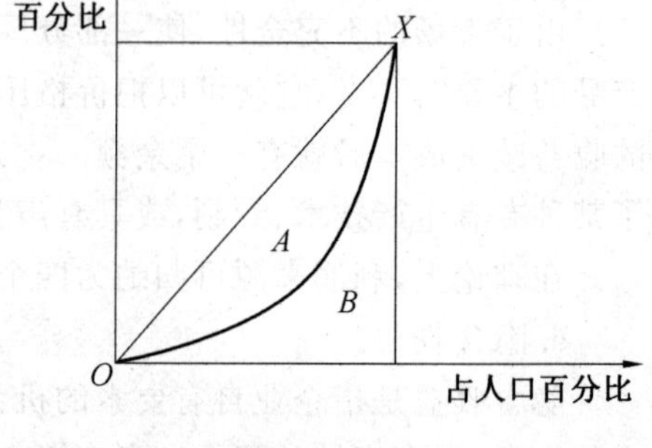

图 7.6

洛伦兹曲线比较直接观地显示出收入分配均等程度的情况,但是,人们有时需要用数字来进行量化,于是提出了基尼系数。

(2)基尼基数。

①基尼基数的定义。

国际上通用的一种测量方法称为基尼系数测量法。这是一个叫 Gini 的意大利人首先提出,用来计算经济差距。其最大值为 1,最小值为 0,基尼系数是从洛伦兹曲线推到出来的。

$$基尼系数=\frac{A}{A+B}$$

其大小应在 0～1 之间,如越小,表明该洛伦兹曲线越接近 OX,收入分配越平等,当其是 0 时,收入分配绝对平等。

基尼系数是当所有人的收入从低到高排列时,由洛伦兹曲线和对角线围成的面积与对角线和 90 度折线围出的面积的比值。

②影响基尼系数大小的主要原因。

人均国民收入;部门结构与基尼系数的关系;社会制度与经济体制对基尼系数的影响;教育因素与基尼系数;政策因素与基尼系数的关系。

【习题精编】

一、名词解释

1. 边际生产力地租　　2. 利率　　3. 准租金

4. 经济租金　　5. 洛伦兹曲线　　6. 基尼系数

二、判断题

1. 在生产要素市场上，需求来自个人，供给来自厂商。（　　）
2. 甲、乙两国的基尼系数分别为 0.2 和 0.5，那么甲国的收入分配要比乙国平等。（　　）
3. 在要素市场上，市场需求曲线是所有厂商需求曲线的总和。（　　）
4. 洛伦兹曲线弯曲程度越大，A 的面积也就越小，B 的面积相应越大。（　　）
5. 表示社会分配公平程度的指标是基尼系数。（　　）
6. 利率是指利息占借贷资本的比重，利息率与资本需求量成反方向变动。（　　）
7. 生产要素市场的需求是一种直接需求。（　　）
8. 在完全竞争市场上，无论是产品市场还是要素市场，其价格都是一个常数。（　　）
9. 洛伦兹曲线是根据基尼系数推导出来的。（　　）
10. 劳动的市场需求曲线就是劳动的市场边际产品价值曲线。（　　）
11. 实际的基尼系数总是小于零。（　　）
12. 厂商使用生产要素最优数量的原则是边际产品价值等于生产要素的价格。（　　）
13. 边际产品价值是生产要素的边际产品和产品价格之和。（　　）

三、选择题

1. 在完全竞争的要素市场上，市场要素供给曲线是一条（　　）。

A. 水平线　　B. 垂直线

C. 向右上方倾斜的曲线　　D. 向右下方倾斜的曲线

2. 在完全竞争条件下，要素市场上的边际产品价值的公式是（　　）。

A. $\Delta Q/\Delta L$　　B. $MP \cdot P$

C. $\Delta TR/\Delta Q$　　D. $MP \cdot MR$

3. 劳动的供给曲线是一条（　　）。

A. 向右上方倾斜的曲线　　B. 向后弯曲的曲线

C. 向右下方倾斜的曲线　　D. 与横轴平行的曲线

4. 厂商使用生产要素最优数量的原则是（　　）。

A. $VMP=W$　　B. $MRP=W$

C. $MP=W$　　D. $MR=W$

5. 某种生产要素的市场需求曲线与单个厂商对生产要素的需求曲线相比较，（　　）。

A. 前者比后者平坦　　B. 前者比后者陡峭

C. 前者与后者重合　　D. 无法确定

6. 厂商每增加一单位生产要素投入所增加的生产力，是（　　）。

A. 边际产品价值　　B. 边际收益

C. 边际产品　　D. 边际生产力

7. 在生产要素市场上，其需求曲线就是边际产品价值曲线的是（　　）。

A 单个厂商对生产要素的需求曲线　B. 整个市场对生产要素的需求曲线

C 大企业对生产要素的需求曲线　D. 小企业对生产要素的需求曲线

8. 土地的供给曲线是一条(　　)。

A. 向右上方倾斜的曲线　B. 向右下方倾斜的曲线

C. 与横轴平行的线　D. 与横轴垂直的线

9. 工资率的上升所导致的替代效应是指(　　)。

A. 工作同样长的时间可以得到更多的收入

B. 工作较短的时间也可以得到同样的收入

C. 工人宁愿工作更长的时间,用收入代替闲暇带来的享受

D. 以上均正确

10. 生产要素的需求曲线之所以向右下方倾斜,是因为(　　)。

A. 要素的边际产品价值递减　B. 要素生产的产品的边际效用递减

C. 要素参加生产的规模报酬递减　D. 以上均不正确

11. 假定在完全竞争的要素市场上各种生产要素的价格、产品的价格和边际收益均等于 4 美元,且此时厂商得到了最大利润,则各种生产要素的边际产品的价值为(　　)美元。

A. 2　B. 4

C. 1　D. 16

12. 随着单个劳动者的劳动供给曲线向后弯曲变化,市场的劳动供给曲线将会(　　)。

A. 向前弯曲　B. 向后弯曲

C. 仍保持向右上方倾斜　D. 以上均不正确

13. 随着工资水平的提高,(　　)。

A. 劳动的供给量会一直增加

B. 劳动的供给量逐渐减少

C. 劳动的供给量先增加,但工资提高到一定水平后,劳动的供给不仅不会增加,反而会减少

D. 劳动的供给量增加到一定程度后既不会增加也不会减少

14. 基尼系数越小,收入分配越(　　);基尼系数越大,收入分配越(　　)。

A. 不平均,平均　B. 平均,不平均

C. 不平均,不平均　D. 平均,平均

15. 收入分配绝对平均时,基尼系数(　　)。

A. 等于 0　B. 等于 1　C. 大于 0 小于 1　D. 小于 1

16. 如果收入分配不均等,洛伦兹曲线就会(　　)。

A. 越直　B. 越弯曲　C. 越短　D. 越长

17. 根据基尼系数的大小,比较下列三个国家中国家的分配最为平均的是(　　)。

A. 甲国的基尼系数为 0.1　　B. 乙国的基尼系数为 0.15

C. 丙国的基尼系数为 0.2　　D. 丁国的基尼系数为 0.18

18. 假设某歌唱演员的年薪为 10 万元，但若他从事其他职业，最多只能得到 3 万元，那么该歌唱演员所获得的经济租金为(　　)。

A. 9 万元　　B. 7 万元　　C. 5 万元　　D. 无法确定

19. 衡量社会收入分配公平程度的曲线是(　　)。

A. 洛伦兹曲线　　B. 菲利普斯曲线

C. 契约线　　D. 工资曲线

20. 素质较差的生产要素，在长期内由于需求增加而获得的一种超额收入，称为(　　)。

A. 一般准租金　　B. 经济租金

C. 纯租金　　D. 地租

四、简答题

1. 外部性如何干扰市场对资源的配置?

2. 什么是科斯定理？一些西方经济学家为什么会认为规定产权办法可以解决外部影响问题?

3. 请运用工资率变动的收入效应和替代效应来说明其对劳动供给曲线形状的影响。

五、论述题

1. 如何理解利润的最大化条件？$MR=MC$ 与 $VMP=MC_L$ 这两个公式一样吗？为什么?

2. 洛伦兹曲线和基尼系数是如何体现收入分配的平等程度的?

【习题答案】

一、名词解释

1. 边际生产力：是指厂商每增加一单位要素投入所增加的生产力。

2. 利率：是指利息率的简称，是利息在资本中所占的比重。

3. 准租金：是指长期可变的短期固定的生产要素的价格。

4. 经济租金：是指生产要素长期内需求增加而产生的超额收入。

5. 洛伦兹曲线：是指人口比例与收入比例之间的关系。洛伦兹曲线的弧度越小，基尼系数也越小。

6. 基尼系数：设实际收入分配曲线和收入分配绝对平等曲线之间的面积为 A，实际收入分配曲线右下方的面积为 B，并以 A 除以 $A+B$ 的商表示不平等程度。这个数值被称为基尼系数，或称洛伦兹系数。

二、判断题

1～5　××××√　6～10　√×√×√　11～13　×√×

三、选择题

1～5　CBBAB　6～10　DADCA　11～15　BCCBA　16～20　BABAB

四、简答题

1.微观经济学讲自由竞争的市场机制会使资源配置达到帕累托最优，其实是假定经济经济活动不存在“外部性”，即单个经济活动主体的经济行为产生的私人利益和私人成本就是社会利益和社会成本。但是在现实生活中，私人利益和社会利益、私人成本和社会成本往往是不一致的。一项经济活动存在外部经济时，人们从该项活动中得到的私人利益会小于社会利益，而存在外部不经济时，人们从事该项活动所付出的成本又会小于社会成本，在这两种情况下，自由竞争条件下的资源配置都会偏离帕累托最优。为什么呢？令V_P、V_S和C_P、C_S分别代表某人从事某项经济活动所能获得的私人利益、社会利益、私人成本和社会成本，再假定存在外部经济，即有$V_P<V_S$，但又有$V_P<C_P<V_S$，则此人显然不会进行该活动。这表明资源配置没有达到帕累托最优，因为从上述两个不等式中可以得到：$(V_S-V_P)>(C_P-V_P)$，这一新不等式说明，社会上由此得到的好处(V_S-V_P)大于私人从事这项活动所受到的损失(C_P-V_P)。可见，这个人如果从事这项活动，从社会上其他人所得到的好处中拿出一部分来补偿进行这项活动的私人所受到的损失以后还会有剩余，即可使其他人状况变好而没有任何人状况变坏。这说明，在存在外部性的情况下，私人活动的水平常常低于社会所要求的水平。

相反，存在外部不经济时，有$C_P<C_S$，再假定$C_S>V_P>C_P$，则此人一定会进行此项活动。从上述两不等式中又可得到$(C_S-C_P)>(V_P-C_P)$，此不等式说明，进行了这项活动，社会上其他人受到的损失大于此人得到的好处，从整个社会来看，是得不偿失的，因此，私人活动水平高于社会所要求的最优水平了。

2.关于什么是科斯定理，西方学者有多种说法。一般该定理可表述为：在市场交换中，若交易费用为零，那么产权对资源配置的效率就没有影响。例如，假定有一工厂排放的烟尘污染了周围5户居民晾晒的衣服，每户由此受损失75元，5户共损失375元。再假定有两个解决方法：一是花150元给工厂烟囱安装一除尘器；二是给每户买一台价值50元的烘干机，5户共需250元。不论把产权给工厂还是给居民，即不论工厂拥有排烟权利，还是5户居民有不受污染的权利，如果任凭私有制为基础的市场发生作用，工厂或居民都会自动采取150元解决问题的方法，因为这样最节省，150元成本最低表示资源配置最优。

西方一些学者根据科斯定理认为，外部影响之所以导致资源配置失当是由于产权不明确。如果产权明确，且得到充分保障，有些外部影响就不会发生。在上述例子中，只要产权归工厂还是居民是明确的，则他们中任何一方都会想出用150元安装一个除尘器来消除污染，即解决外部影响问题。也就是说，在解决外部影响问题上不一定要政府干预，只要产权明确，市场会自动解决外部性问题，而在此以前，以英国皮古为主要代表的传统经济学认为，解决外在性问题，需要政府干预：出现外部不经济时，要用征税办法，其数额应等于外部不经济给其他社会成员造成的损失，使私人成本和社会利益相等，这样，都可使资源配置达到帕累托最优。因此，科斯定理的问世，被认为是对传统经济学的修正。

3. 劳动者的劳动供给量取决于工资率的高低，而劳动供给曲线的形状则取决于工资率变动的收入效应和替代效应的大小。

工资率变动的收入效应是指工资率变动对劳动者的收入，从而对劳动时间所产生的影响。工资率提高的收入效应使得劳动者倾向于购买更多的闲暇时间，从而使得劳动时间减少。

工资率变动的替代效应是指工资率变动对劳动者消费闲暇与其他商品之间的替代关系所产生的影响。工资率提高的替代效应使得劳动供给量增加，即若工资率提高，劳动者倾向于用消费其他商品来代替闲暇。

由此可以得出，工资率提高的替代效应和收入效应方向相反。所以，工资率提高对劳动供给量的影响取决于收入效应与替代的效应的对比。在一般情况下，在工资率较低的阶段，工资率提高对劳动者的收入影响不大，工资率提高的收入效应小于替代效应，劳动供给量随工资率的上升而上升，即劳动的供给曲线向右上方倾斜。但当工资率上升到一定程度以后，工作较少的时间就可以维持较好的生活水平，工资率提高的收入效应大于替代效应，劳动供给量随工资率的上升而下降，即劳动的供给曲线开始向左上方倾斜。因此，随工资率的提高，单个劳动者的劳动供给曲线呈现向后弯曲的形状。

五、论述题

1. 两个公式是从不同角度出发考察利润最大化条件，两者都可以保证厂商利润最大化目标的实现。

我们知道，为了实现利润最大化厂商需要对投入要素量、产出量作出某种抉择。如果厂商把产出量作为选择变量，将总收益、总成本及总利润视为产量的函数，那么实现利润最大化的条件就是：厂商把产出量调整到一定数量，使得这一产量下的最后一个单位的产品所提供的总收益的增加量（边际收益 MR）恰好等于增加这最后一个单位的产品引起的总成本的增加量（边际成本 MC），即得这一产量下的边际收益等于边际成本（$MR=MC$）。

但是如果厂商把投入的生产要素（如劳动）作为选择的变量，将总收益、总成本进而总利润视为投入要素的函数，那么实现利润最大化的条件就可以表述为：$VMP=MC_L=W$（完全竞争市场，不完全竞争市场应是 $MRP=MC_L$），也就是厂商把雇佣的劳动投入量调整到一定数量，使得这一雇用劳动总量下的最后一个单位劳动带来的总收益的增加量（边际产品价值 VMP）恰好等于增加这最后一个单位劳动雇用量引起的总成本的增加量 MC_L，这表示每增加一个单位的劳动投入带来的总收益的增加量超过雇用这个单位劳动引起的总成本的增加量，也就意味着继续增加劳动投入量，增加的每单位劳动投入量都可获得一点利润，从而增加劳动投入可使总利润有所增加；反之，如果 $VMP<MC_L$，这意味着最后增加雇用的那个单位劳动反而造成损失，从而导致总利润较前较少。所以，如果厂商把投入要素如雇用的劳动量作为选择变量，那么实现利润最大化的条件便是 $VMP=MC_L$。

2. 洛伦兹曲线是由美国统计学家洛伦兹于 1905 年提出的，旨在用以比较和分析一个国家在不同时代，或者不同国家在同一时代的收入与财富的平等情况。洛伦兹把社会人口按收入由低到高分为10个等级，每个等级有10%的人口，再将这10%的人口的收入除以国民收入，得出每一等级人口收入在国民收入中的所占的比重，然后，以累计的人口百分比为横轴，以累计的国民收入百分比为纵轴，画出一个正方形图。最后，根据一国每一等级人口的收入在国民收入中所占比重的具体数字，描绘出一条实际收入分配曲线，这就是洛伦兹曲线。洛伦兹曲线反映了收入分配的平等程度：弯曲程度越大，收入分配越不平等；反之，亦然。

基尼系数是由意大利统计学家基尼根据洛伦兹曲线，计算出的一个反映一个国家贫富差距的指标。将洛伦兹曲线图中洛伦兹曲线与完全平等曲线之间的面积用A表示，将洛伦兹曲线与完全不平等曲线之间面积用B来表示，那么基尼系数就可以表示为：$G=A/(A+B)$。基尼系数通常是大于0而小于1的，基尼系数越小，表明收入分配越平等；反之，越不平等。

第八章

Chapter 8

一般均衡和福利经济学

【考点归纳】

1. 掌握瓦尔拉斯一般均衡模型。
2. 掌握实现一般均衡的条件。
3. 掌握帕累托最优状态及帕累托改进。
4. 了解社会福利函数。
5. 了解外差对社会福利的影响。

【要点解读】

1. 一般均衡的概念

一般均衡分析从微观经济主体行为的角度出发，考察每一种产品和每一种要素的供给和需求同时达到均衡状态所需具备的条件和相应的均衡价格和均衡供销量应有的量值。法国经济学家瓦尔拉斯首创了一般均衡理论体系，他认为经济社会是由相互联系的各个局部组成的体系，当消费者偏好、要素供给和生产函数为已知时，就能从数学上论证所有商品市场和要素市场可以同时达到均衡状态，即整个经济可以处于一般均衡状态。

在这种状态下，所有商品和要素的价格和数量都有确定的量值，均衡条件是消费者的效用极大化和生产者的利润极大化，所有市场的供需总量相等。简单的瓦尔拉斯一般均衡模型由四个方程组表示：商品需求方程、要素需求方程、厂商供给方程和要素供给方程。由于模型假定要素收入等于产品销售价值，故此四个方程组中必定有一个方程不是独立的。通过令任一商品为货币商品并以此货币商品定义其他商品和要素的价格，便可使模型的未知数数目与相互独立的方程式数目相一致，从而满足方程组即模型有解的必要条件。

瓦尔拉斯模型的实施机制——拍卖者假定。在数学上证明了一般均衡状态的存在，但并不意味着实际的经济体系可以达到一般均衡状态。拍卖人的任务就是发现并确定使市场供求一致的均衡价格。拍卖人不断修正报出价格，使得家庭和厂商在此价格上的需求量和供给量不断趋向一致，直到最后相等，这个过程被称为“试探过程”。瓦尔拉斯的一般均衡思想使人们将视角扩大到人类的全部活动中去，探索在日益繁多的经济活动的相互作用中，是否存在着一种自发的和谐机制使各种活动趋于均衡。

2. 帕累托最优的一般均衡分析

(1)一般均衡的分析工具。

①艾奇沃斯盒状图。

艾奇沃斯盒状图是表示两种经济活动交互作用的组合图。最初仅用于消费领域，后被用于生产领域，成为一般均衡理论的重要分析工具。

②艾奇沃斯盒状图的基本假定。

a. 社会上只有两个消费者[A,B]，市场上只有两种产品[X,Y]。

b. 社会上只存在两个生产者[生产 X、Y 产品]，只使用两种生产要素[L,K]。

c. 资源总量和产品、要素的价格既定。

d. 人们所追求的是效用最大化(消费者)和利润最大化(生产者)。

(2)交换的一般均衡。

①消费者无差异曲线(图 8.1、图 8.2)。

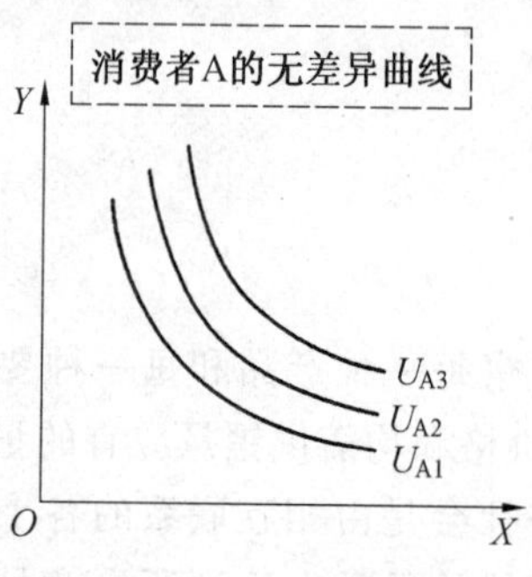

图 8.1

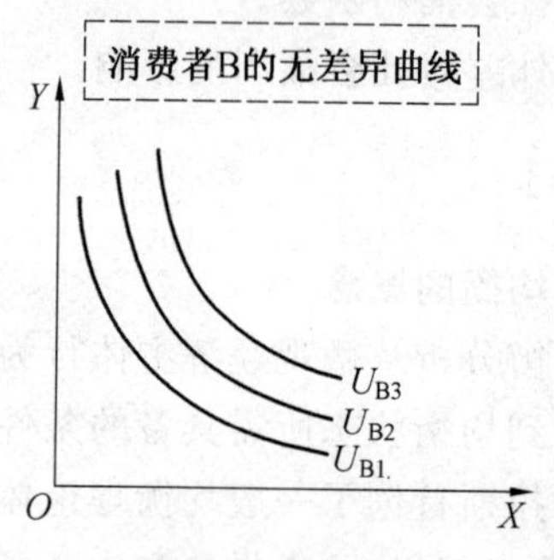

图 8.2

②消费者交换契约线(艾奇沃斯盒状图，图 8.3)。

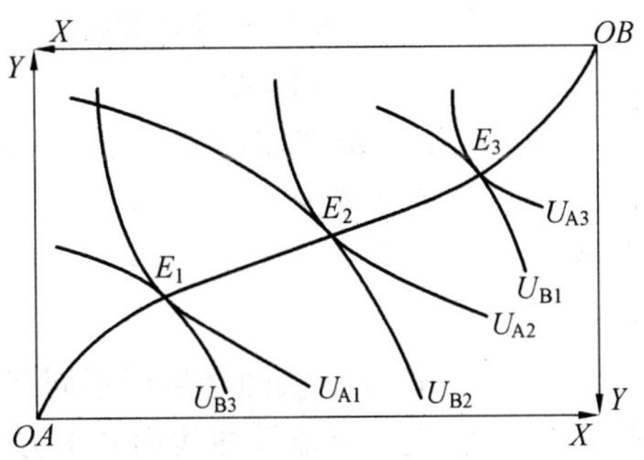

图 8.3

说明:a.交换契约线:两个消费者的无差异曲线相切点的轨迹。

b.在交换契约线上任意一点,表示交换处于均衡状态。

c.若沿着契约线进行交换,若一方效用的增加,则另一方效用减少。

d.若离开契约线进行交换,总效用将减少。

(3)生产的一般均衡。

①等产量线(图 8.4、图 8.5)。

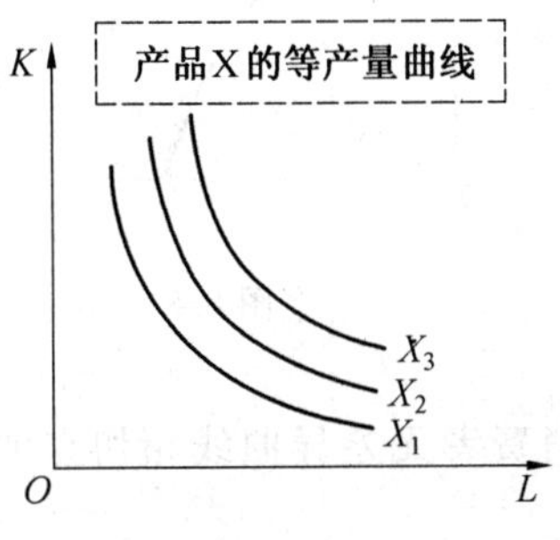

图 8.4

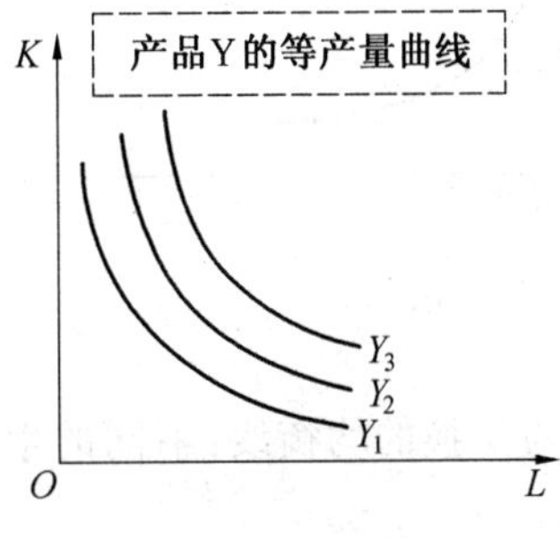

图 8.5

②生产契约线(图 8.6)。

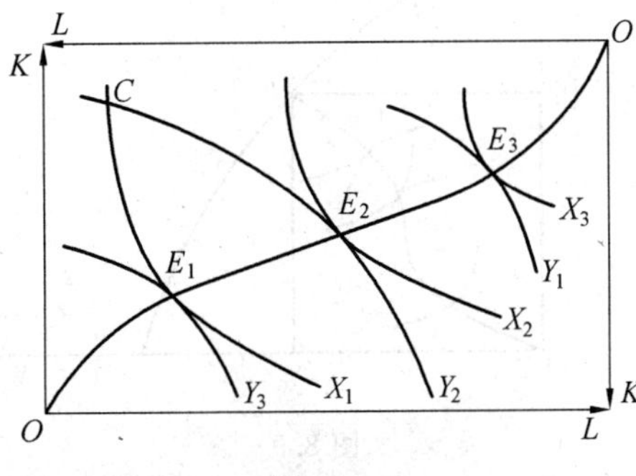

图 8.6

说明：a. 生产契约线：两种产品的等产量曲线相切点的轨迹。

b. 在生产契约线上任意一点，生产均处于均衡状态。

c. 按契约线分配要素，若一种产品的产量增加，则另一种产品的产量减少。

d. 若离开契约线分配要素，则总产量将减少。

(4)生产和交换的一般均衡。

①生产与消费曲线的变化。

a. 生产可能性曲线的变化。生产可能性曲线随着生产不同产品的技术条件变化而变化。

X 和 Y 产品的生产技术同步变化，生产可能性曲线向右上方平移。

X 产品的生产技术进步，生产可能性曲线以 Y 轴为中心向上旋转。

Y 产品的生产技术进步，生产可能性曲线以 X 轴为中心向右旋转。

b. 消费者无差异曲线的变化。消费者无差异曲线随着消费者偏好的变化而变化。

②无差异曲线(图 8.7)与生产可能性曲线(图 8.8)。

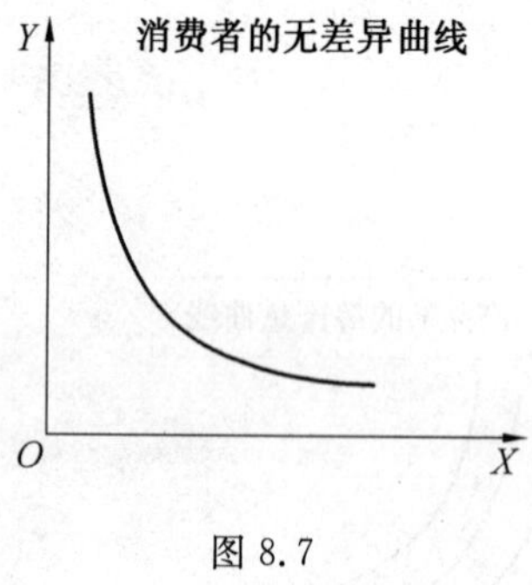

图 8.7

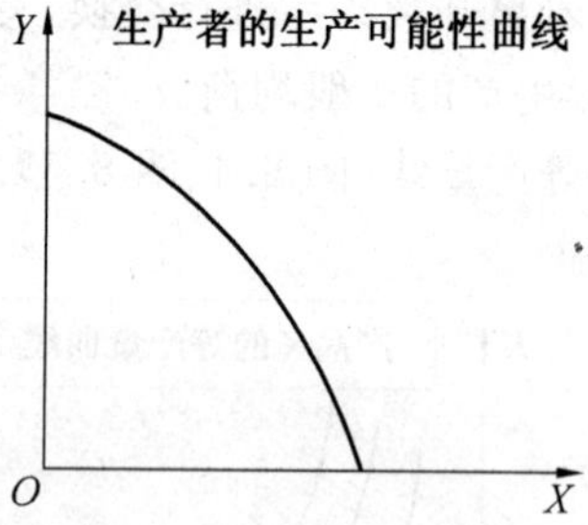

生产者的生产可能性曲线

图 8.8

说明：

a. 生产与交换的均衡线：不同的生产可能性曲线和消费者无差异曲线相切点的轨迹(图 8.9)。

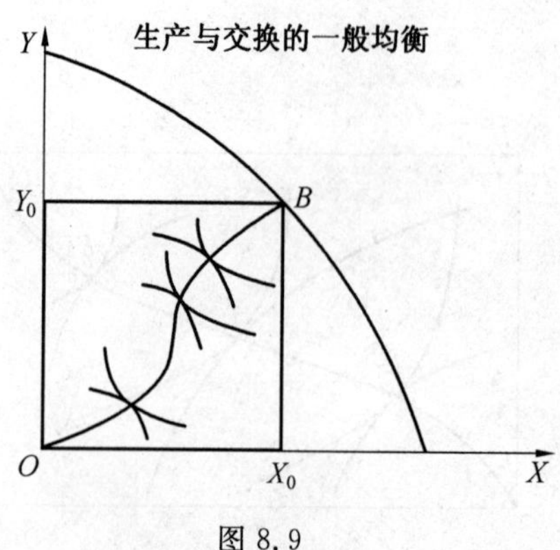

图 8.9

b. 在生产与交换的均衡线上任意一点，表示生产与交换处于均衡状态。

c. 当达到动态均衡时，生产效率最高，消费者得到最大的满足。

d. 若离开均衡线，则会造成生产与交换的失衡。

3. 帕累托最优状态与实现条件

(1)概述。

以帕累托等人为代表的新福利经济学建立在序数效用论的基础上。帕累托提出了被后人称为帕累托最优状态的社会经济福利检验标准：假如任何重新改变资源配置的方法已经不可能在不损害任何一个人的前提下使任何一个人的处境较从前变好，这就意味着一个社会在既定的生产技术和既定的每个消费者偏好函数条件下，生产资源的配置已达于最适度状况，也就是耗用一定总量的生产资源于各种不同途径所生产出来的国民收入已达到极大值。要使社会经济达到帕累托最优状态所需具备的条件及要求：在交换方面，任何一对商品之间的边际替代率对任何使用这两种商品的个人来说都相等，即：$MRS_{XY}^{A}=MRS_{XY}^{B}$；在生产方面，任何一对生产要素之间的边际技术替代率在用这两种投入要素生产的所有商品的生产中都相等，即：$MRS_{LK}^{C}=MRS_{LK}^{D}$。在生产与交换两者之间，任何一对商品间的生产的边际转换率等于消费这两种商品的每个个人的边际替代率，即$MRS_{XY}=MRT_{XY}$。

完全竞争的市场结构能保证实现这些条件。对于两种商品、两种要素、两个个人的简化一般均衡模型，可以在平面坐标上用艾奇沃斯盒状图直观地描述一般均衡情况。契约曲线为两组无差异曲线间切点的轨迹，其上各点均表示满足交换条件的交换均衡点(图 8.10)，生产契约曲线为两组等产量线间切点的轨迹，其上各点均表示满足生产条件的生产效率点。将契约曲线转换到以效用为坐标量的平面直角图上便可得到效用可能性曲线，将生产契约曲线转换到以商品为坐标量的平面直角图上便可得到转换曲线(生产可能性曲线)(图 8.11)；由瓦尔拉斯创立的一般均衡理论阐明了经济中各个市场相互联系和相互依存的一般关系，而由里昂惕夫提出的投入产出模型则提供了有效的实证应用工具。

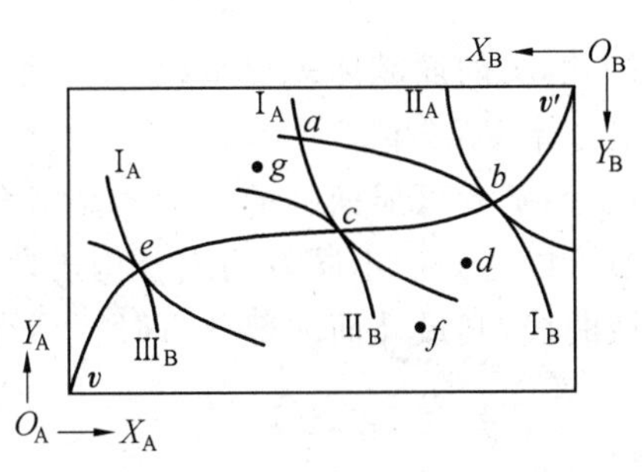

图 8.10

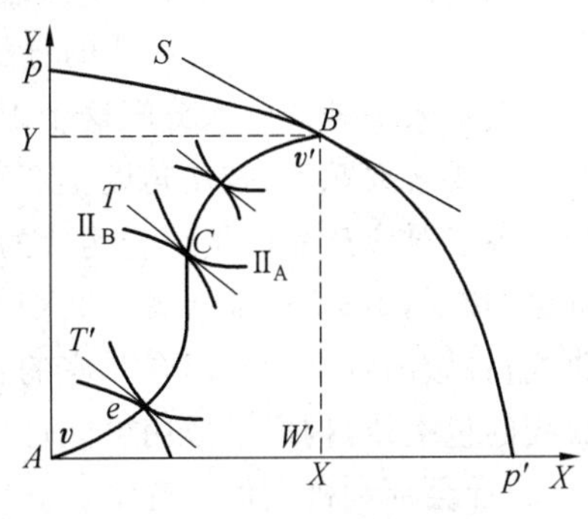

图 8.11

(2)帕累托最优状态的实现条件具体分析。

完全竞争是实现帕累托最优状态的必要条件。

只有在完全竞争的市场上，才有可能满足帕累托最优状态的三个条件。

a.交换最优的实现条件。

在完全竞争条件下，同一种商品的价格对于任何消费者都是相等的，而每一个消费者都按效用最大化原则进行购买，使任意两种商品的边际替代率都等于这两种商品的价格之比。因而可以实现：对于不同消费者来说，任意两种商品之间的边际替代率都相等。

b.生产最优的实现条件。

在完全竞争条件下，同一种生产要素的价格对于任何生产者都是相等的，而每一个生产者都按利润最大化原则进行购买，使任意两种生产要素的边际技术替代率都等于这两种生产要素的价格之比。因而可以实现：对于不同的生产者来说，任意两种生产要素之间的边际技术替代率都相等。

c.生产和交换最优的实现条件。

在完全竞争条件下，一方面，对于不同的消费者来说，任意两种商品之间的边际替代率都相等；另一方面，由于任意商品均有：$MR=AR=P$，生产者按 $MR=MC$ 的最大利润化原则进行资源配置，从而使任意两种商品的边际产品替代率都等于这两种商品的边际替代率。

4.社会福利函数

(1)社会福利函数的含义。

社会福利函数是把社会福利(整个社会成员福利的总和)设想为依存于一些自变量的一种函数式，这些自变量包括每个社会成员购买的各种产品和各自提供的生产要素，再加上所有影响社会福利的其他因素。在两个人的社会中，社会福利函数可以表示为：$W=(U_A,U_B)$。式中，W 表示社会福利；U_A、U_B 表示两个人的效用水平指标。

(2)效用可能性边界。

效用可能性边界上的每一个点表示的是该社会生产方面可能提供的各种极大值福利总水平在A、B两人之间的各种可能的分配状况。

影响个人福利的收入分配这个因素可以通过每人购买的商品体现出来；而在一个社会给定的生产要素禀赋下，技术角度生产产品的有效率组合体现为“生产契约曲线”；在由生产契约曲线上各点对应产品产量组合构成的转型曲线给出了消费者可能面临的各种产品组合；在某一特定的产品组合下，消费者之间相互进行产品交换可以达到的不同效用组合构成效用可能性曲线；将做出各个产品组合对应的各条效用可能性曲线，其最外面的部分(即所有效用可能性曲线的包络线)构成了效用可能性边界。

(3)社会福利极大值的确定。

社会福利函数所代表的曲线与效用可能性边界的切点即代表兼顾生产效率和收入分配的社会福利最大值，如图8.12所示。

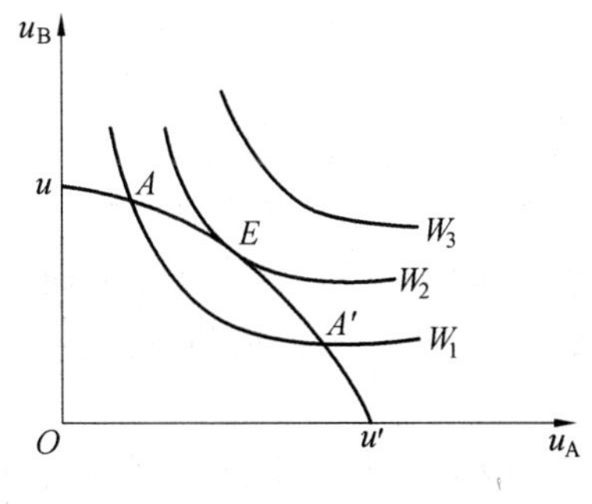

图 8.12

5. **福利经济学的两个定理**

福利经济学的第一定理：当一个完全竞争经济处于均衡时，它必定会满足三个经济效率的条件，即交换、生产及交换生产的帕累托最适度或帕累托最优。该定理说明任何竞争性的均衡都是帕累托最优的。

福利经济学的第二定理：在一定条件下，帕累托最优是竞争均衡。该定理说明可以把分配问题与效率问题分开来，先重新分配产品资源来确定经济主体具有多少财富，然后用价格来确定其相对稀缺性，通过市场机制都达到任何一种人们所希望的帕累托有效配置。

(1)外差效应与公共产品。

①外差效应。

外差效应是指私人利益与社会利益发生差异的现象，也称为外溢效应、外部效应、外部性等。产生外差效应的根本原因是人在社会经济生活中是相互联系、相互影响的。它可以产生于人的消费行为，也可以产生于人的生产活动。

假如一个人的消费或生产活动使其他社会成员无需付出代价而得到好处，称为提供了外部经济的效应；反之，假如一个人的消费或生产活动使其他人蒙受损失而未得到补偿，称为提供了外部不经济。

②公共产品。

公共产品是指那些消费具有非对抗性和非排他性的产品。

消费的非对抗性是指一个人对于某一产品的消费并不排斥别人同时对它的消费，并且增加一名消费者的消费并不减少可供别人消费的数量。

消费的非排他性是指不能根据某人是否支付了费用来决定他的消费资格。一旦公共产品被生产出来，任何人都可以自由地消费，而不需经过其他人或组织的许可。

③公共产品的最优提供数量。

根据皮古法则，最优的公共产品提供数量应该满足该产量相应的边际社会成本(MSC)等于社会边际收益(MSB)。其中社会边际收益曲线为所有社会成员收益曲线的垂直加总，社会边际成本为水平直线。

【习题精编】

一、名词解释

1.社会福利界限　2.交换契约线　3.生产契约线　4.边际转换率
5.帕累托最优　6.效用可能性曲线　7.社会无差异曲线　8.局部均衡分析
9.基尼系数　10.微观经济政策　11.福利经济学　12.交换的一般均衡

二、判断题

1.福利经济学的两个基本定理中第一个定理:不完全竞争的市场经济的一般均衡都是帕累托最优的。(　　)

2.在福利经济学的两个基本定理中,第二定理任何一个帕累托最优配置都可以从适当的初始配置出发,可以不通过完全竞争市场实现。(　　)

3.交换的契约曲线 CC' 上的每一点均表示两种产品在众多消费者之间的分配是最优的,即表示最优效用水平。(　　)

4.将交换的契约曲线均衡点所表示的最优效用水平组合用一条曲线连接起来,就得到了效用可能性曲线,它是最优效用水平集合的几何表示。(　　)

5.效用可能性曲线上的任何一点都表示在给定一个消费者(如甲)效用的前提下,另一个消费者(如乙)所能够达到的最低效用。(　　)

6.一般均衡理论(方法)指的是从一个社会的所有商品和要素的供求与价格都是互不影响、互不依存这一前提出发,考察一些商品和要素的供求如何同时达到均衡。(　　)

7.皮古把国民收入作为衡量社会经济福利的尺度,这其中包括两个基本的命题:国民收入的总量,总量越大,则表示福利越低;国民收入的分配,分配越平等,则福利也越小。(　　)

8.边际社会纯产值是指厂商或生产者个人追加一个单位的投资所获得的纯产值。(　　)

9.帕累托最优状态意味着资源的配置达到了最大效率,任何重新配置的行为都只能使这一效率降低,而无法使这一效率提高。(　　)

10.基尼系数越大,越接近于收入平均;基尼系数越小,收入越不平均。(　　)

11.对于经济社会而言,公共产品消费上的免费搭车现象是有利有弊的。(　　)

12.寻租是市场失灵的一种表现。(　　)

13.经济制度属于一种公共产品。(　　)

14.帕累托最优配置被定义为总产量达到最大的资源配置(　　)。

15.按照帕累托的理论,消费者福利最大化的分析,利用了菲利普斯曲线(　　)。

16.转换曲线是从生产契约曲线曲线导出的。(　　)

17.公共产品的两个基本特征:非竞争性和非排他性。(　　)

18.根据瓦尔拉斯定理,在一个只有两种商品的经济中,如果一个商品的市场供需相等了,

另外一个市场一定也达到了均衡。（　　）

19. 当存在外部效应时，福利经济学第一定理不一定成立。（　　）

20. 如果福利经济学第一定理的所有假设都满足，那么政府就没有干预经济的必要。（　　）

21. 如果两种商品之间的边际转换率不是对所有消费这两种商品的消费者来说都等于消费者在它们之间的边际替代率，那么两种商品中至少有一种不是有效地生产出来的。（　　）

22. 对于福利极大化来说，完全竞争长期一般均衡既是必要的，又是充分的。（　　）

23. 为了达到帕累托最优状态，必须使任何使用某两种投入要素的两个厂商的该两种要素间的边际技术替代率相等，即使这两个厂商生产的产品很不相同。（　　）

24. 满足帕累托最优状态就是没有经济效率的；否则，就是有经济效率的。（　　）

25. 在生产的埃奇渥斯盒状图中，如果一种资源分配状态处于两个生产者的两条等产量曲线的上，则它就是帕累托最优状态，并称之为生产的帕累托最优状态。（　　）

三、选择题

1. 准公共产品具备（　　）。

A. 非竞争性和非排他性　　B. 非排他性和一定的竞争性

C. 非排他性和竞争性　　D. 排他性和一定的非竞争性

2. 在下列曲线中，表明员工的频繁跳槽对员工自己和企业均不利的是（　　）。

A. 等产量线　　B. 学习曲线

C. 洛伦兹曲线　　D. 等成本线

3. 科斯定理说明（　　）。

A. 产业结构的重要性　　B. 收入分配的重要性

C. 产权界定的重要性　　D. 经济增长的重要性

4. 一个社会要达到最高的经济效率，得到最大的经济福利，进入帕累托最优状态，必须（　　）。

A. 满足交换的边际条件：$MRS_{XY}^{A}=MRS_{XY}^{B}$

B. 满足生产的边际条件：$MRS_{LK}^{C}=MRS_{LK}^{D}$

C. 满足生产与交换的边际条件：$MRS_{XY}=MRT_{XY}$

D. 同时满足上述三个条件

5. 如果对于消费者甲来说，以商品 X 替代商品 Y 的边际替代率等于 3，则对于消费者乙来说，以商品 X 替代商品 Y 的边际替代率等于 2，那么，有可能发生（　　）。

A. 乙用 X 向甲交换 Y　　B. 乙用 Y 向甲交换 X

C. 甲和乙不会交换商品　　D. 以上均不正确

6. 生产契约曲线上的点表示生产者（　　）。

A. 获得了最大利润　　B. 支出了最小成本

C. 通过生产要素的重新配置提高了总产量　　D. 以上均正确

7. 在帕累托最优条件的三个组成部分中，其中没有涉及的问题是(　　)。

A. 分配问题　　B. 社会问题

C. 生产问题　　D. 效率问题

8. 消费者的各自组合达到这样一种状态，任何一种改变都不可能使任何一个人的境况变好或变坏，而不使另一个人的境况变坏。这是(　　)。

A. 产出的最优的条件　　B. 生产者福利最优化的条件

C. 社会福利的最优的条件　　D. 消费者福利最优化的条件

9. 运用数理逻辑证明，在一般情况下，要从已知的各种个人偏好排序中推导出统一的社会偏好顺序是不可能的。这个定理被称为(　　)。

A. 科斯定理　　B. 偏好次序定理

C. 阿罗不可能定理　　D. 数理逻辑定理

10. 下面属于家庭最容易沦入贫困阶层的是(　　)。

A. 单身汉家庭　　B. 三代同堂的家庭

C. 由夫妻组成的小家庭　　D. 单身母亲和孩子的家庭

11. 下列计划中不属于贫困救济范畴的是(　　)。

A. 向低收入者提供廉价住房计划　　B. 食品补助票计划

C. 社区公共设施建设计划　　D. 医疗救济计划

12. 假定一个经济，在其中只有两种商品(X 和 Y)，两种生产要素(L 和 K)，那么要想达到生产的全面均衡的条件是(　　)。

A. $MRTS_{LK}=P_L/P_K$　　B. $MRTS_{LK}=MRS_{XY}$

C. $MRTS_{LK}^{X}=MRTS_{LK}^{Y}$　　D. $MRT_{XY}=\mathrm{MRS}_{LK}$

13. 小王有 10 个鸡蛋和 10 只苹果，小赵有 10 个鸡蛋和 10 只苹果，小王更喜欢鸡蛋，小赵更喜欢苹果。在帕雷托状态下，可能(　　)。

A. 小王消费更多的鸡蛋　　B. 小赵消费更多的苹果

C. 两人的苹果和鸡蛋的边际替代率相等　　D. 以上说法都正确

14. 把符合帕累托最优实现条件的切点连接起来的线，称为(　　)。

A. 效率线　　B. 效用可能性曲线

C. 成本线　　D. 需求曲线

15. 在两个人(甲和乙)、两种商品(X 和 Y)的经济中，达到交换的帕累托均衡条件为(　　)。

A. 对甲和乙，$MRT_{XY}=MRS_{XY}$　　B. 对甲和乙，$MRS_{XY}=P_X/P_X$

C. $(MRS_{XY})_{甲}=(MRS_{XY})_{乙}$　　D. 上述所有条件均不正确

16. 对放弃一单位某种商品，经济可以增加多少单位另一种商品的度量称为边际(　　)

率。

A. 替代　　B. 效用

C. 转换　　D. 技术替代

17. 假定存在一个经济，其中有两个个人(A 和 B)、两种商品(X 和 Y)，生产和交换的全面均衡条件是(　　)。

A. $MRT_{XY}=MRS_{XY}^{A}=MRS_{XY}^{B}$　　B. $MRT_{XY}=P_X/P_Y$

C. $MRS_{XY}=P_X/P_Y$　　D. $MRS_{XY}^{A}=MRS_{XY}^{B}$

18. 在经济中，生产的所有商品必须以有效方式在个人之间分配，这样的要求称为(　　)。

A. 生产的效率　　B. 分配的效率

C. 产品组合的效率　　D. 交换的效率

19. 当最初的变化影响广泛分散到很多市场，每个市场只受到轻微的影响时，(　　)。

A. 要求用一般均衡分析

B. 一般均衡分析很可能推出错误的结论

C. 局部均衡分析很可能推出错误的结论

D. 局部均衡分析将提供合理、可靠的预测

20. 被西方经济学家推崇为“福利经济学之父”的是(　　)。

A. 霍布森　　B. 皮古

C. 帕累托　　D. 艾奇沃斯

21. 生产契约曲线上的点表示生产者(　　)。

A. 获得了利润最大化　　B. 支出了最小成本

C. 通过生产要素的重新配置提高了总产量　　D. 以上均正确

22. 一般均衡的代表人物是(　　)。

A. 瓦尔拉斯　　B. 马歇尔

C. 帕累托　　D. 艾奇沃斯

23. 如果竞争模型是经济的准确描述，那么(　　)。

A. 资源的配置是帕累托有效的　　B. 经济运行在生产可能性曲线上

C. 经济运行在效用可能性曲线上　　D. 以上都正确

24. (　　)是任何改变资源配置的方法都不能在无损于其他人的前提下使任何一个人的处境变好，或者反过来说，如果不减少别人的福利，便无法增加任何一个人的福利。

A. 卡尔多最优状态　　B. 帕累托最优状态

C. 马歇尔最优状态　　D. 科斯最优状态

25. (　　)是指没有承担或支付相应成本但却享用和消费公共产品的行为。

A. 有偿搭车　　B. 福利搭车

C. 救助搭车　　D. 免费搭车

26. 转换曲线是从(　　)推导出来的。

A. 消费契约曲线　　B. 效用可能性曲线

C. 社会福利曲线　　D. 生产契约曲线

27. 生产可能性曲线是从(　　)推导而来的。

A. 无差异曲线　　B. 生产契约曲线

C. 消费约束曲线　　D. 社会福利曲线

28. 两种商品在两个人之间的分配,能被称为帕累托最适度条件的是(　　)。

A. 不使其他个人受损失就不能使另一个人受益

B. 个人都处在其消费契约曲线上

C. 个人都处在他们的效用可能性曲线上

D. 以上均正确

29. 在一般采取促进、兼顾、公平的方式中,下列不正确的是(　　)。

A. 减少不合理收入　　B. 促进机会均等

C. 鼓励垄断性收入　　D. 实现生存权利和消灭贫困

30. (　　)是实现帕累托最优状态的必要条件。

A. 完全竞争　　B. 公平竞争

C. 自由竞争　　D. 鼓励竞争

31. 以下(　　)项不是在完全竞争的市场上,才有可能满足帕累托最优状态的三个条件。

A. 交换最优的实现条件　　B. 生产最优的实现条件

C. 生产和交换最优的实现条件　　D. 消费最优的实现条件

32. 局部均衡分析方法忽略了(　　)之间的相互影响,影响我们真正理解(　　)经济。

A. 消费者,市场　　B. 市场,市场

C. 厂家,市场　　D. 各国,世界

33. 只有商品的边际转换率与(　　)相等时,商品的生产结构才是最有效率的。

A. 边际替代率　　B. 经济效率

C. 洛伦兹曲线　　D. 生产契约线

34. 以下是福利经济学一般假定的社会目标的是(　　)。

A. 最大的选择自由　　B. 最高的经济效率

C. 公平的收入分配　　D. 以上各项均正确

35. 皮古把国民收入作为衡量社会经济福利的尺度,这其中包括两个基本的命题:国民收入的总量,总量越大,则表示福利(　　);国民收入的分配,分配越(　　),则福利也越大。

A. 越大,不平等　　B. 越少,平等

C. 越大,平等　　D. 差异小,平等

36. 假定对于汉堡和馅饼,明明更喜欢汉堡,馨馨更喜欢馅饼,两种食品的价格对于两人是相同的，在效用最大化时（　　）。

A. 明明的汉堡对馅饼的边际替代率比馨馨大 B. 馨馨将消费比他拥有更多的馅饼

C. 两人的边际替代率相等　　　　　　　　D. 上述说法都不正确

四、简答题

1. 简述局部均衡与一般均衡的区别。

2. 简述福利经济学的含义。

3. 简述公平与效率的关系。

4. 将社会资源平均分配是帕累托有效的吗？

5. 简述社会福利函数的含义。

6. 简述福利经济学两个定理的内容。

五、案例分析题

近日，包括北京在内的国内不少大城市开始调整油价，这是有关方面所谓的国内市场价格与国际接轨的实际举措。悲观者认为，如果国际油价在今后半年内没有大的改变，有理由相信，下半年中国物价走势将出现实质性变化。这可能意味着中国将结束持续两年多的通货紧缩而出现通胀，甚至是滞胀。当然，也有乐观预期相信油价上涨的影响是有限的。因为，在目前中国的 CPI 构成中，包括水、电及燃料和住房等在内的居住类价格权数仅占 13.6%，而目前油价对 CPI 的影响程度大致为 12.96%（以 2011 年 2 月份数据为准），加上中国对物价的调控，因此，油价上涨对物价上涨不会产生什么显著影响，尤其是伴随着今年中国经济增长放缓，这一影响可能会更小。支撑这一说法的另外一个理由，是当企业面对激烈竞争而无法消化油价上涨的影响时，可以通过引进更为先进的技术（即提高资本要素投入）来消化石油进口成本增加的负面影响。从这个层面看，油价上涨对物价传递也不会产生什么明显影响。

（案例名称：油价上涨的影响　案例来源：经济学阶梯教室网）

六、论述题

1. 假设一个社会共有五种产品四种生产要素，请列出表达一般均衡的方程组。怎样理解这些方程式中必有一个方程式并非独立的方程，即可以从其余方程中推导出来的方程。

2. 论述一般均衡的三个边际条件并画图表示。

3. 已知商品 X 的生产函数为 $X=5L^{0.4}K^{0.6}$，而 Y 商品的生产函数为 $Y=4L^{0.5}K^{0.5}$，若社会上有 $\bar{L}=100$，$\bar{K}=200$，且只生产 X 与 Y 商品，试问该社会生产的契约曲线是怎样的？

4. 西方微观经济学是如何论证“看不见的手”的原理的？

【习题答案】

一、名词解释

1. 社会福利界限：是指效用可能性曲线的外包络线，就是效用可能性边界，或者称为社会福利界限。

2. 交换契约线：是指把艾奇沃斯交换盒形图中的像 E_1、E_2 和 E_3 这样的双方无差异曲线的切点连接起来构成一条从 OA 到 OB 的曲线，称之为交换契约线。

3. 生产契约线：是指把艾奇沃斯生产盒形图中的像 E_1、E_2 和 E_3 这样的双方等产量曲线的切点连接起来构成一条从 OX 到 OY 的曲线，称为生产契约线。

4. 边际转换率：是指生产可能性曲线的切线斜率称为边际转换率。$MRPT_{XY}=-\mathrm{d}Y/\mathrm{d}X$，即为增加一单位 X 必须放弃的 Y 的产量，也就是生产单位 X 的机会成本。

5. 帕累托最优：是指假如任何重新改变资源配置的方法已经不能在无损于任何一个人的前提下使任何一个人的处境较前变好，这就意味着一个社会在既定的生产技术和既定的每个消费者偏好函数条件下，生产资源配置情况已达于最适度状态，即帕累托最优。

6. 效用可能性曲线：是指交易契约线上的每一点代表 A、B 两个消费者的各个不同的效用组合，把这些不同的效用组合在效用坐标图上表示出来得到的一条曲线就称为效用可能性曲线。

7. 社会无差异曲线：是指在效用坐标图中，一定福利水平的不同组合点的轨迹构成的曲线就是社会无差异曲线，也称为社会福利等高线。

8. 局部均衡分析：是指单个市场孤立起来，只考察某个市场均衡价格和均衡数量决定的研究方法。

9. 基尼系数：是指绝对平等线和实际洛伦兹曲线围成的面积，与由绝对不平等线围成的三角形 OEF 的面积的比例。基尼系数越高，贫富差别越大。

10. 微观经济政策：指政府为了解决微观经济问题或主要由微观经济主体带来的经济问题，以及调节微观经济行为而采取的政策措施。

11. 福利经济学：是从微观经济主体的角度出发，考察一个社会全体成员的经济福利的最大化问题的经济学。福利经济学属于规范分析，根据一定的价值判断标准，确定微观经济的运行是否符合既定的社会目标。

12. 交换的一般均衡：是指当社会生产状况即定、收入分配状况既定的条件下，通过要素所有者之间的交换使得交易者达到效用最大化的均衡状况。

二、判断题

1～5　×××√×　6～10　×××√×　11～15　√×√××　16～20　√√√√×

21～25　××√××

三、选择题

1～5　DBCDA　6～10　CADCD　11～15　CCDAC　16～20　CADDB

21～25　CADBD　26～30　DBCCA　31～36　DBADCC

四、简答题

1. 局部均衡分析方法是指将单个市场孤立起来，只考察某个市场均衡价格和均衡数量决定的研究方法，即假定该市场的变动不影响其他市场，其他市场也不影响该市场。

局部均衡分析方法的局限是它忽略了市场之间的相互影响，而正是这种影响使得单个市场连接为一个整体，构成市场经济。

一般均衡分析方法要求将所有市场放在一起，同时研究所有市场均衡价格与均衡产量决定的方法。

一般均衡分析方法具有四个特征：

(1)每个消费者在既定收入约束下选择的商品组合效用最大化；

(2)每个消费者在当前要素价格和商品价格下，提供各种要素，以获得收入；

(3)每个厂商在当前技术水平下，达到生产利润最大化，在长期生产中，利润为零；

(4)在当前价格下，所有产品市场和要素市场供求相等。

2.福利经济学是从微观经济主体的角度出发，考察一个社会全体成员的经济福利的最大化问题的经济学。

福利经济学属于规范分析，根据一定的价值判断标准，确定微观经济的运行是否符合既定的社会目标。

3.效率指的是资源的有效配置。

公平，一种意思是指社会成员的收入均等，另一种意思是指社会成员的机会均等。促进公平要做好从以下几方面：(1)减少不合理收入；(2)促进机会均等；(3)限制垄断性收入；(4)实现生存权利和消灭贫困。

要效率优先兼顾公平，有不少经济学家认为公平和效率不可兼得，但可以在某一点达到较为理想的状态。

4.将社会资源平均分配不一定使帕累托有效。帕累托有效是指这样一种社会状态：在不使一方境况变坏的情况下，也不能使另一方境况变好，它是一种无可改进的状态。平均分配社会资源未必是不可改进的。比如，将两种资源 A 和 B 平均分配给甲、乙二人，则甲和乙各得到 $1/2A$，$1/2B$。但二人的偏好各不同，假设甲更偏好 A 而乙更偏好 B，则甲就会用自己一定数量的 B 去交换乙的 A，这样初始的平均分配社会资源得以重新配置，并达到更有效的状态，这便说明了平均社会资源未必使帕累托有效。

5.社会福利函数是把社会福利(整个社会成员福利的总和)设想为依存于一些自变量的一种函数式，这些自变量包括每个社会成员购买的各种产品和各自提供的生产要素，再加上所有影响社会福利的其他因素。在两个人的社会中，社会福利函数可以表示为：$W=(U_A,U_B)$。式中，W 表示社会福利；U_A、U_B表示两个人的效用水平指标。

6.福利经济学包括第一定理和第二定理。

福利经济学的第一定理：当一个完全竞争经济处于均衡时，它必定会满足三个经济效率的条件，即交换、生产及交换生产的帕累托最适度或帕累托最优。该定理说明任何竞争性的均衡都是帕累托最优的。

福利经济学的第二定理：在一定的条件下，帕累托最优是竞争均衡。该定理说明可以把分配问题与效率问题分开来，先重新分配产品资源来确定经济主体具有多少财富，然后用价格来确定其相对稀缺性，通过市场机制都达到任何一种人们所希望的帕累托有效配置。

五、案例分析题

在过去的几个月里，国际原油价格跌宕起伏，引人注目。随着近期国家发改委《关于调整成品油价格的通知》的出台，油价上涨的影响也开始慢慢渗透到我们的日常生活中。根据北京的一项调查显示，以常用的 93 号汽油从 3.66 元上涨到 4.26 元为例，油价上涨将使出租车司机每天多花上 15 元至 20 元，一个月下来就得多支出 400 至 600 元。对于有车一族而言，如果按照 60 升大小的油箱标准测算，每加满一箱油就要多花 18 至 20 元。确实，部分老百姓已切身感受到了此次油价上涨所带来的实际影响。

油价快速上涨的原因比较复杂，主要可以概括为原油供求关系趋紧、心理疑虑加重和投机活动猖獗三大因素，同时也是国际上争夺石油资源和控制石油市场斗争的反映。具体的原因有：石油需求持续增长、原油库存下降、欧佩克（OPEC）限产保价、探明石油储量不足、心理疑虑推波助澜、投机商借机炒作和政治因素日益凸显等。

当然，由于目前国内油价上涨还没有影响到一些公共设施，如公交汽车、出租车和地铁等价格上涨，因此，一般老百姓现在还感受不到油价上涨的实际影响。不过，有车族及与石油有关的相关工作人员受到的影响就会多一些。事实上，油价上涨对实体经济的影响也是可以预见的。例如，油价上涨会导致不少以石油和石化产品为原材料的行业经营和生产成本直接提高。另外，数据显示，2004 年中国全年进口原油 12 272 万吨（增长 34.8%），每天消费石油大约为 700 万桶。如果 2005 年每桶石油价格上升 20 美元，那么中国将多支出约 200 亿美元。从表面上看，油价上涨的这一影响并不算大，但如果按照相关国际组织估计，油价每提高 10 美元，将在未来 1 至 2 年内导致世界经济增长速度放缓 0.5 至 1 个百分点。按中国今年经济增长 8% 的目标测算，油价上涨估计会影响中国经济增长放缓 1.0 个百分点。

目前，国际油价上涨的主要原因之一是世界经济增长加快导致对石油及其他原材料需求猛增，原油供应增长跟不上需求增长速度，因此，油价上涨的背后是供求关系的紧张。除了这一基本面因素外，中东局势不稳、国际投机资本大量进入石油交易市场等各种非基本面因素，也对国际油价的上涨趋势产生了巨大影响。其中，一个突出的因素是美元的持续贬值，导致以美元定价的石油及铜等大宗商品价格纷纷突破历史新高。与此同时，美元的贬值也使以其他货币，如欧元或日元购买以美元定价的石油显得成本更低了。如果美国的“双赤字”无法改善，美元疲软的趋势将继续维持，这也就意味着国际石油价格仍有上涨的空间。

接下来的一个问题是如果国际石油价格继续上涨，美国就会担心通胀压力增大。日前，美国劳工部公布了 2 月份 CPI 数据，较上月增长 0.4%。扣除食品及能源的核心 CPI 增长 0.3%，升幅创 2010 年 9 月以来最高，且打破了连续 4 个月增长 0.2% 的趋势。能源价格也大幅上升 2%，创下自 2010 年 10 月以来的最大涨幅，成为 CPI 升幅扩大的主要原因。因此，有分析师预期，美联储很可能在5月份仍会按照“稳步”原则升息0.25个百分点。

一旦美元利率持续上升，人民币利率的上升压力无疑就增加了，同时，人民币也将面临一定的升值压力。因此，油价上涨对中国的影响远比人们的想象要大得多。可以预期，人民币汇率调整将在相当长一段时间里成为世人关注的一个热点问题。

最容易想到的因为油价上涨而成本上升的服务项目就是交通，包括海、陆、空的各个环节。石油是目前生产领域最重要的能源，电力直接受其制约，考虑到这一点就会发现，包括食品甚至粮食在内的所有生产、生活资料都将受到波及，不同之处只在于程度和时间的早晚。如果交通这类影响“最大”的行业因此调整价格，社会生产、消费价格总水平发生波动出现的时间不会太久。

如果将出租车行业作为一个利益集团，随油价进行其行业服务价格调整可以看作是其游说的成功。一个很重要的原因应该是，在成本上升的现实面前，包括出租车司机和出租汽车公司在内集团原有的收益水平受到侵蚀，调整价格是保证其原有收入水平的最好选择。对于消费者来说，如果收入水平没有提高，那么继续按照原来的习惯打车，成本将大幅上升。以北京市为例，目前的夏利车起步里程由原来的五千米降低到四千米，富康由四千米调整到三千米。目前夏利五千米的价格将比原来高出12%，富康四千米的消费价格将比原来高出16%。价格的变动对四千米和三千米以内的超短路程和十千米以上长路程消费的影响不大，但对中程打车者的影响是显而易见的。

将经常打车族看作是中上等的稳定收入者，调整出租车价格对他们的影响可能比较小，但对低收入者来说，选择少打车甚至不打车就是必须的了。在这种情况下，包括公共交通在内的公共服务的选择就十分重要，因为这将影响出租车行业的提价效果乃至整个社会物价水平的走势。

六、论述题

1. 设 $X_1,X_2,\cdots,X_5$ 为五种商品的数量，$Y_1,Y_2,\cdots,Y_5$ 为这五种商品的价格；$Q_1,\cdots,Q_4$ 为四种生产要素的数量，$W_1,\cdots,W_4$ 为这四种要素的价格。$a_{ij}(i=1,\cdots,4,j=1,\cdots,5)$ 为生产一个单位的商品 j 所需耗用的要素 i 的数量。则由这五种商品四种生产要素组成的一般均衡方程组如下。

(1)对商品的需求方程：

$$X_1=f_1(Y_1,Y_2,\cdots,Y_5;W_1,W_2,\cdots,W_4)$$
$$X_2=f_2(Y_1,Y_2,\cdots,Y_5;W_1,W_2,\cdots,W_4)$$
$$\cdots$$
$$X_5=f_5(Y_1,Y_2,\cdots,Y_5;W_1,W_2,\cdots,W_4)$$

(2)对生产要素的需求方程：

$$Q_1=a_{11}X_1+a_{12}X_2+\cdots+a_{15}X_5$$
$$Q_2=a_{21}X_1+a_{22}X_2+\cdots+a_{25}X_5$$

$$Q_3=a_{31}X_1+a_{32}X_2+\cdots+a_{35}X_5$$
$$Q_4=a_{41}X_1+a_{42}X_2+\cdots+a_{45}X_5$$

(3)商品的供给方程：

$$Y_1=a_{11}W_1+a_{21}W_2+\cdots+a_{41}W_4$$
$$Y_2=a_{12}W_1+a_{22}W_2+\cdots+a_{42}W_4$$
$$Y_3=a_{13}W_1+a_{23}W_2+\cdots+a_{43}W_4$$
$$Y_4=a_{14}W_1+a_{24}W_2+\cdots+a_{44}W_4$$

(4)生产要素的供给方程：

$$Q_1=g_1(Y_l,Y_2,\cdots,Y_5;W_l,W_2,W_3,W_4)$$
$$Q_2=g_2(Y_1,Y_2,\cdots,Y_5;W_1,W_2,W_3,W_4)$$
$$Q_3=g_3(Y_1,Y_2,\cdots,Y_5;W_1,W_2,W_3,W_4)$$
$$Q_4=g_4(Y_1,Y_2,\cdots,Y_5;W_1,W_2,W_3,W_4)$$

以上四组方程共计有18个(18＝2×4＋2×5)方程，方程的未知数为18个(18＝2×4＋2×5)，但这18个方程中只有17个方程是相互独立的，即其中必有一个方程可以从其余方程中推导出来。这是因为我们假定生产要素所有者的收入全部用来购买商品，因此，要素收入＝产品销售价值。而第(1)组方程的商品 $X_1,X_2,\cdots,X_5$ 分别乘以它们各自的价格 $Y_1,Y_2,\cdots,Y_5$，再加总求和：$X_1Y_1+X_2Y_2+X_3Y_3+X_4Y_4+X_5Y_5$，即为全部产品的销售价值。第(3)组方程的要素 Q_1,Q_2,Q_3,Q_4 分别乘以它们各自的价格 W_1,W_2,W_3,W_4 再加总求和：$Q_1W_1+Q_2W_2+Q_3W_3+Q_4W_4$，即为所有要素的收入。故 $X_1Y_1+X_2Y_2+X_3Y_3+X_4Y_4+X_5Y_5=Q_1W_1+Q_2W_2+Q_3W_3+Q_4W_4$。

这个等式意味着当它的左边的五个方程之和(即所有产品的销售价值之和)为已知时，上式右边的四个方程之和(即要素的收入之和)也为已知，因此其中必然有一个方程可以从其余的三个方程中得出来。同样地，如果等式右边的四个方程之和为已知，上式左边的五个方程之和也为已知，因此其中必然有一个方程可以从其余的四个方程中得出来。总之，由于假定生产要素所有者的收入＝产品的销售价值，因此由上述18个方程组成的四组方程中必然有一个方程可以从其余17个方程中推导出来。

2.(1)交换的帕累托最优条件。

交换的一般均衡是指当社会生产状况既定、收入分配状况既定条件下，通过要素所有者之间的交换使得交易者达到效用最大化的均衡状况。

交换的帕累托最优条件如图8.1所示。

(2)生产的帕累托最优条件。

在生产的艾奇沃斯盒状图中，如果一种资源分配状态处于两个生产者的两条等产量曲线的切点上，则它就是帕累托最优状态，并称之为生产的帕累托最优状态。在这种情况下，不存在任何帕累托改进的余地，即任何改变都不能使至少一个人的状况变好且同时又没有使其他人的状况变坏。

生产的帕累托最优条件如图 8.2 所示。

(3)生产与交换的帕累托最优条件。

如果在交换的一般均衡中能够找到一个均衡点，使该点的边际替代率等于生产可能性曲线的边际转换率，那么便达到了生产和交换的一般均衡，即生产和交换的帕累托最优。

帕累托最优条件如图 8.3 所示。

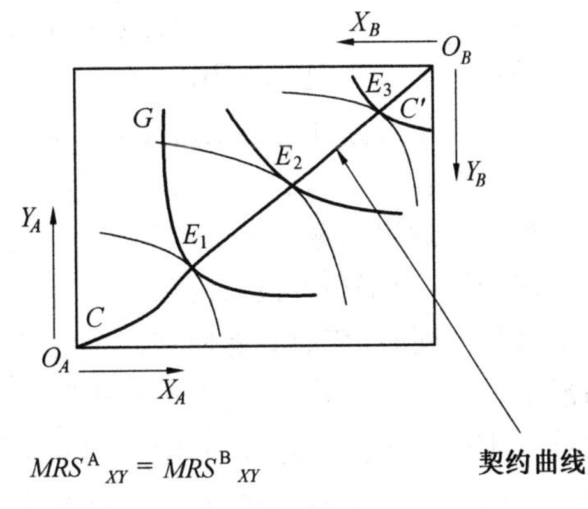

图 8.1

3. 因为生产的契约曲线上的点必须满足 $MRTS^X_{LK} = MRTS^Y_{LK}$，又已知：

$$MRTS^X_{LK} = -\left(\frac{dK}{dL}\right)_X = -\frac{2}{3}\left(\frac{K}{L}\right)_X = -\frac{2}{3} \times \frac{K_X}{L_X}$$

$$MRTSY^Y_{LK} = -\left(\frac{dK}{dL}\right)_Y = -\left(\frac{K}{L}\right)_Y = -\frac{K_Y}{L_Y}$$

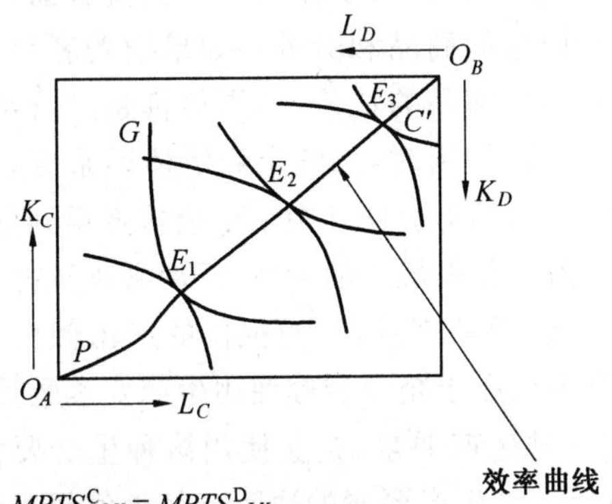

图 8.2

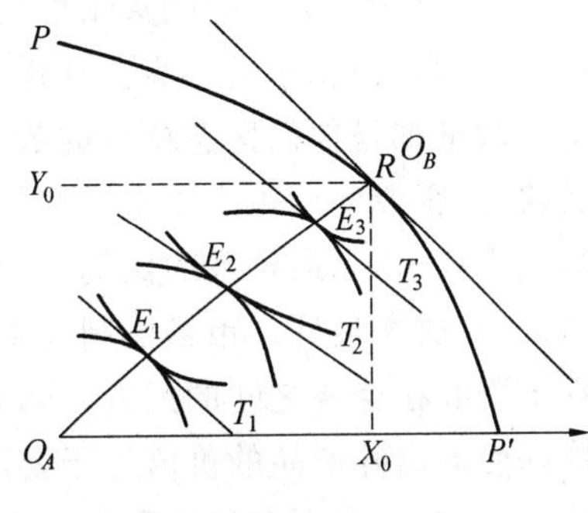

图 8.3

所以：

$$\frac{2}{3} \cdot \frac{K_X}{L_X} = \frac{K_Y}{L_Y} \tag{1}$$

在该社会的资源充分利用的情况下：

$$\begin{cases} L_X = 100 - L_Y \\ K_X = 200 - K_Y \end{cases} \rightarrow \begin{cases} L_X + L_Y = 100 \\ K_X + K_Y = 200 \end{cases} \tag{2}$$

将式(1)代入式(2)，得：

$$\frac{2(200 - K_Y)}{3(100 - L_Y)} = \frac{K_Y}{L_Y}$$

这就是生产契约曲线，由此可知，当 $K_Y = 100$、$L_Y = 50$ 时并不满足上式，即要素分配的公平之点不在契约曲线上，故可知此契约曲线必在艾奇沃斯盒中的对角线的同侧，因为X和Y两商品的生产皆为规模报酬不变。

4.依照于西方经济学的理论，市场机制是实现资源配置的基本方式。市场需求来源于消费者。消费者出于利己的动机，用既定的收入购买商品，按既定价格支付购买商品的费用，以实现最大的效用满足。通过产品市场供求机制，消费者的支付变为企业的收入。对应于既定的市场价格，为了获得最大的利润，厂商选择各种生产要素的使用量，以使得每一产量下的成本为最低。同时，厂商必然使其产量处于价格等于边际成本之处。在完全竞争的长期均衡的情况下，市场价格等于厂商生产的边际成本，同时等于平均成本，这意味着厂商以最低的成本来进行生产。不仅如此，厂商生产的平均成本是企业家支付的生产要素的报酬，等于工资、利润(或利息)和地租的总和，它们分别补偿劳动、资本和土地在生产上所做出的贡献。

上述描绘的市场机制运行结果可以通过所有市场上的价格波动，在所有市场上同时达到，即经济处于一般均衡状态。在一般均衡状态下，在不减少任何成员的福利的情况下，无法再增加任何一个成员的福利，从而社会实现了帕累托最优状态。

依照帕累托最优标准，首先，从消费者消费最终产品来看。对于任意一个消费者而言，在既定的收入约束条件下，消费者可以按市场价格选择任意的商品和劳务。如果消费者只消费一种商品，其对于该商品的购买量取决于他对最后一单位商品的估价：如果估价超过价格，他就会购买；否则，他就不会购买。这样，当每个消费者达到均衡时，从整个经济体系来看，他们所消费的数量都是他们愿意持有的数量，任何数量的变动都不会使其中一个消费者得到好处。

其次，从企业使用生产要素生产最终产品来看。为了获得最大的利润，厂商必须选择最小成本的生产技术，以最合理的比例组织生产要素投入，从长期来看，厂商提供的产出倾向于使得技术最优、成本最低。市场机制在生产方面的效率不仅在于企业合理使用生产要素数量，而且表现于资源在企业之间的配置。如果企业只使用一种生产要素，企业使用该种生产要素的数量恰好使得边际产品的价值等于要素的价格。只要一种生产要素的边际产品价值超过该要素的价格，企业就会更多地使用它。而在完全竞争条件下，要素价格对所有厂商都相同，因而该种生产要素与所有的企业生产的边际产品的价值都相等。尽管不同的企业可以使用不同的生产技术，但从边际的意义上来看，谁也不能从单位生产要素中获得更多。任何使生产要素在企业之间分配数量变动的再配置，都是缺乏效率的。

最后，从生产和消费两个方面来看。就一种特定的商品而言，价格既反应了消费者对于最后一单位商品的评价，又反应了企业生产最后一单位商品的成本。在完全竞争市场上，消费者对于不同商品数量的评价通过需求曲线表现出来，而企业生产不同产量时的边际成本则体现在供给曲线之中。因此，当竞争的市场处于均衡时，需求量等于供给量，企业提供了消费者想要的数量。任何其他的生产数量都不是最优的。若消费者的评价超过企业的边际成本，那么增加生产会增进社会福利；反之，若消费者的评价低于企业的边际成本，则减少生产会增进社会福利。同样地，在多种商品情况下，当市场处于均衡时，消费者与企业将面临同样的价格，企业按利润最大化提供产品组合所决定的边际成本之比等于消费者效用最大化的产品组合所决定的边际效用之比。因此,完全竞争市场能够提供消费者想要的产品组合。

综上所述,完全竞争市场使得消费最优、生产成本最低,并且资源得到最合理的配置,使企业能够生产出消费者所需要的商品组合。因此,在帕累托效率意义下,完全竞争市场是有效率的。

需要指出的是,以上得到的有关市场机制效率的分析是建立在完全竞争条件下的。一旦完全竞争要求的一系列条件不能得到满足,市场机制就会出现失灵。

第九章

Chapter 9

市场失灵与微观经济政策

【考点归纳】

1. 了解市场失灵的几种表现。
2. 掌握如何将外部性内化。
3. 了解政府应采取哪些手段提高资源的利用效率。

【要点解读】

1. 垄断的含义

狭义的垄断的含义:是一个厂商控制一个行业或市场,厂商就是该行业本身。

广义的垄断的含义:是一个或几个厂商控制某个行业的全部或大部分供给的情况。

2. 垄断所导致的市场失灵

(1)垄断与低效率。

垄断会造成低效率的原因:第一,垄断厂商产量低价格高,通过控制产量来达到控制价格的目的,赚取超额利润,消费者福利因此受到损失;第二,垄断厂商只会依仗其垄断地位来获取高额利润,而不会通过改进技术和设备来降低成本,这样会阻碍技术进步;第三,一些垄断厂商为了维持自己的垄断地位,产生了寻租行为。

(2)寻租理论。

政府运用行政权力对企业和个人的经济活动进行干预和管制,妨碍了市场竞争的作用,从而创造了少数有特权者取得超额收入的机会,这种超额收入被称为"租金",谋求这种权力以获得资金的活动,被称作"寻租活动"。

3. **对垄断的公共管制**

(1)价格管制。政府试图制订一个更低的“公平价格”,以消除超额利润。

(2)对自然垄断的管制。政府控制一个较低的价格,对垄断厂商出现的亏损,由政府进行补贴。

4. **反托拉斯法**

托拉斯是资本主义垄断组织的一种形式,生产同类商品或在生产上有密切联系的垄断资本企业,为了获取高额利润而从生产到销售全面合作组成的垄断联合。

5. **信息的不对称**

信息的不对称性,指的是在市场交易中,产品的卖方和买方对产品的质量、性能等所拥有的信息是不相对称的,通常产品的卖方对自己所生产或提供的产品拥有更多的信息,而产品的买方对所要购买的产品拥有更少的信息,如汽车市场、劳动力市场等。

信息的不对称性会造成市场的失灵,即在同一价格标准上低质量产品排挤高质量产品,减少高质量产品的消费甚至将高质量产品排挤出市场。

6. **不完全信息与市场失灵**

(1)逆向选择问题。

逆向选择是指买卖双方在信息不对称的情况下,差的商品必将把好的商品驱逐出市场。

(2)道德风险。

道德风险指从事经济活动的人最大限度地增进自身效用的同时做出不利于他人的行动。

(3)委托一代理问题。

委托一代理问题:倡导所有权和经营权分离,企业所有者保留剩余索取权,而将经营权利让渡。如果从委托一代理双方信息不对称的理论出发,道德风险是指契约的甲方(通常是代理人)利用其拥有的信息优势采取契约的乙方(通常是委托人)所无法观测和监督的隐藏性行动或不行动,从而导致的(委托人)损失或(代理人)获利的可能性。

7. **信息传递与机制设计**

(1)避免逆向选择的发生,如学历证书等。

(2)避免道德风险的发生,如签订合同等。

8. **公共产品**

公共产品:是指由政府或公共部门提供的产品,它具有非排他性和非竞争性的特点。

竞争性也称为独占性,指你用了别人就不能用或者能使用的机会减少。

排他性就是你可以不让别人使用,特别是你为使用支付了成本而准备使用的时候。

9. **搭便车问题**

搭便车问题是一种发生在公共财产上的问题。它是指一些人需要某种公共财产,但事先宣称自己并无需要,在别人付出代价取得后,他们就可不劳而获地享受成果,也就是说,一些人在不付费的条件下而享受公共产品。

10. **公共选择理论**

(1)集体选择的规则。

①一致同意规则;②多数规则;③加权规则;④否决规则。

(2)最优的集体选择规则。

①成本模型;②概率模型。

(3)政府官员制度的效率。

解决政府官员制度低效率的主要途径是引入竞争机制,具体做法是:①是公共部门的权利分散化;②由私人部门承包公共服务的供给与由政府投资的公共服务;③在公共部门和私人部门之间展开竞争。

11. **外部性**

如果某人或企业在从事经济活动时给其他个人带来危害或利益,而该个体又没有为这一后果支付赔偿或得到报酬,则这种危害或利益就被称为外部经济或外部性。

外部效应根据不同的标准分类:

(1)对消费的外部效应,对生产的外部效应。

(2)生产活动和消费活动。

(3)正的和负的外部效应。

12 **外部影响和资源配置失当**

(1)负的外部效应。

负的外部效应:外部成本或外部不经济,指交易双方之外的第三方所带来的未在价格中得以反映的成本的费用。

(2)正的外部效应。

正的外部效应:外部收益或外部经济,指交易双方之外的第三方所带来的未在价格中得以反映的经济效益。

13. **有关外部影响的政策**

(1)税收方案。

(2)制定污染标准。

(3)外部影响内部化。

14. **科斯定理**

科斯定理由罗纳德·科斯提出的一种观点,认为在某些条件下,经济的外部性或非效率可以通过当事人的谈判而得到纠正,从而达到社会效益最大化。只要财产权是明确的,并且交易成本为零或者很小,那么,无论在开始时将财产权赋予谁,市场均衡的最终结果都是有效率的,实现资源配置的帕雷托最优。

【习题精编】

一、名词解释

1. 垄断　　2. 逆向选择　　3. 道德风险
4. 公共产品　　5. 外部性　　6. 科斯定理

二、判断题

1. 市场总能够保证资源得到有效利用。(　　)
2. 市场失灵指市场不能保证资源有效利用。(　　)
3. 垄断导致市场失灵是因为垄断者定价太高。(　　)
4. 在垄断者的均衡状态，垄断者私人利益最大化与社会福利最大化不一致。(　　)
5. 垄断者的最优产量低于社会最优产量。(　　)
6. 反托拉斯法的目的是促进合理竞争。(　　)
7. 外部影响就是对他人的影响。(　　)
8. 正的外部影响是给他造成的有利的外部影响。(　　)
9. 负的外部影响是给他人造成的不利的外部影响。(　　)
10. 受正的外部性影响时，社会成本大于私人成本。(　　)
11. 受负的外部性影响时，生产者的最优产量大于社会理想产量。(　　)
12. 科斯定理扩大了市场发挥作用的范围。(　　)
13. 公共物品就是共有物品。(　　)
14. 公共物品是具有非排他性和非竞争性的物品。(　　)
15. 灯塔是公共物品。(　　)
16. 一种物品的排他性就是有办法阻止某个人使用这种物品。(　　)
17. 一种物品的竞争性指一个人使用了这种物品会减少其他人使用它的效用。(　　)
18. 一般来说，私人不愿意生产公共物品。(　　)
19. 一般来说，关于产品的质量，卖者比买者知道得更多。(　　)
20. 在买者较少知道产品质量的情况下，会出现劣质品把优质品逐出市场的现象。(　　)

三、选择题

1. 一旦产权被分配后，市场将产生一个有社会效率的结果，这种观点称为(　　)。
A. 有效市场理论　　B. 看不见的手　　C. 科斯定理　　D. 逆向选择

2. 科斯定理的一个局限性是(　　)。
A. 当存在大量厂商时最有效　　B. 假设存在很大的交易成本
C. 只有当普遍拥有产权时才成立　　D. 当交易成本很高时不成立

3. 当某一经济活动存在外部经济效果是指该活动的(　　)。
A. 私人利益大于社会利益　　B. 私人成本大于社会成本

C. 私人利益小于社会利益　　　　D. 私人成本小于社会成本

4. 如果某产品的生产正在造成污染，因而社会边际成本大于私人边际成本，适当的税收政策是征税，征税额等于(　　)。

A. 治理污染设备的成本　　　　B. 私人边际成本

C. 社会边际成本和私人边际成本之差　　　　D. 社会边际成本

5. 一个寻租行为发生的例子是(　　)。

A. 一家公司设法增加在自己所有的财产上收取租金

B. 政府设法剥夺一家公司的垄断租金

C. 政府设法剥夺一家公司垄断租金的大小

D. 公司投入资源去劝说政府阻止新公司进入它的行业

6. 在不完全竞争市场中出现无效率资源配置，原因在于产品价格(　　)。

A. 高于边际成本　　　　B. 低于边际成本

C. 等于边际成本　　　　D. 以上都正确

7. 由于垄断导致无效率，因此任何垄断都必须被消除，这一说法(　　)。

A. 肯定正确　　　　B. 肯定不正确

C. 可能正确　　　　D. 基本正确

8. 当某种经济活动有负的外部影响时，该活动的(　　)。

A. 私人成本大于社会成本　　　　B. 私人成本小于社会成本

C. 私人利益大于社会收益　　　　D. 私人收益小于社会收益

9. 在正的外部影响存在的情况下，(　　)。

A. 私人成本大于社会成本　　　　B. 私人成本小于社会成本

C. 私人利益大于社会收益　　　　D. 私人收益小于社会收益

10. 如果一个人只在自己家里抽烟且不在外人面前抽烟，那么，他抽烟(　　)。

A. 有负的外部影响　　　　B. 有正的外部影响

C. 属于消费中的正的外部影响　　　　D. 没有外部影响

11. 科斯定理的基本思想是(　　)。

A. 人们的贪心可能阻止市场发挥作用

B. 交易成本的存在有可能阻止市场发挥

C. 只要产权明晰，市场就能够保证效率

D. 只有负的外部影响有可能导致市场失灵

12. 当正的外部影响存在时，市场决定的产量将会(　　)。

A. 大于社会理想产量　　　　B. 小于社会理想产量

C. 等于社会理想产量　　　　D. 以上都可能

13. 下列物品最有可能是公共物品的是(　　)。

A. 公海上的一个灯塔　　B. 国家森林公园内树上的果子

C. 故宫博物院内的国宝　　D. 大熊猫

14. 一般来说，公共物品的生产低于社会理想的水平，可能的原因在于(　　)。

A. 人们不愿意说真话　　B. “搭便车”的倾向

C. 人们的觉悟不高　　D. 上述说法都有可能发生

15. 信息不对称导致市场失灵是因为(　　)。

A. 消费者无法识别好的产品或服务

B. 劣质产品对优质产品有负的外部影响

C. 一块臭肉坏了一锅汤

D. 上述说法都有可能发生

16. 在自然垄断条件下，如果使价格与平均成本相等，这将(　　)。

A. 发生亏损　　B. 从效率角度看，生产过多

C. 从效率角度看，生产过少　　D. 面临需求过剩

17. 科斯定理表示(　　)。

A. 只要外部经济效应的产权是明确界定的，污染的均衡水平是零

B. 只要外部经济效应的产权是明确界定的，污染的均衡水平是帕累托最优的

C. 只要外部经济效应的产权是明确界定的，只有有权污染的企业才可以产生污染

D. 以上都不正确

18. 不存在帕累托改进的资源配置状态是(　　)。

A. 产品市场均衡状态　　B. 货币市场均衡状态

C. 帕累托最优状态　　D. 要素市场均衡状态

19. 资源配置达到帕累托最优状态的标准是(　　)。

A. 还存在帕累托改进的资源配置状态

B. 收入在不同居民之间分配公平

C. 可能由重新组合生产和分配使一个人或多个人的福利增加，而不使其他任何人的福利减少

D. 不可能由重新组合生产和分配来使一个人或多个人的福利增加，而不使其他任何人的福利减少

20. 一般认为，只有在(　　)市场上，企业的生产成本从长期来看才是最低的，市场机制才能实现资源的有效配置。

A. 寡头垄断　　B. 垄断竞争

C. 完全竞争　　D. 不完全竞争

21. 某人或某企业的经济活动会给社会上其他人带来损害，但该人或该企业却不必为这种损害进行补偿，这称为(　　)。

A. 外部经济　　B. 规模经济

C. 外部不经济　　D. 规模不经济

22. 只能由政府提供的公共物品是(　　)。

A. 社会公共物品　　B. 纯公共物品

C. 准公共物品　　D. 公益性公共物品

23. 消费者对某一种公共物品的消费并不影响其他人对该公共物品的消费，这称为(　　)。

A. 排他性　　B. 竞争性

C. 非排他性　　D. 非竞争性

24. 下列公共物品不属于准公共物品的是(　　)。

A. 教育　　B. 国防

C. 收费公路　　D. 医疗卫生

25. 产生逆向选择和道德风险的原因是(　　)。

A. 垄断　　B. 外部性

C. 市场失灵　　D. 信息不对称

26. 买卖双方在不对称信息的情况下，质量差的商品往往将质量好的商品驱逐出市场的现象称为(　　)。

A. 逆向选择　　B. 道德风险

C. 趋利行为　　D. 败德行为

27. 购买汽车保险后不认真驾驶，从而造成保险公司损失，这属于(　　)。

A. 违法行为　　B. 道德风险

C. 逆向选择　　D. 顺向选择

28. 为了保护和促进竞争，限制垄断和反对不正当竞争，政府可以采取的措施有(　　)。

A. 明晰产权　　B. 法律手段和公共管制

C. 税收合补贴手段　　D. 合并相关企业

29. 科斯定理的含义是(　　)。

A. 只要财产权是明确的，那么无论在开始时将财产权赋予谁，市场均衡的最终结果都是有效率的，就可以实现资源配置的帕累托最优

B. 只要财产权是明确的，并且交易成本为零或者最小，那么无论开始时将财产权赋予谁，市场均衡的最终结果都是有效的，就可以实现资源的帕累托最优

C. 只要交易成本为零或者很小，市场均衡的最终结果都是有效的，就可以实现资源的帕累托最优

D. 无论财产权是否明确，只要交易成本为零或者很小，就可以实现资源配置的帕累托最优

四、简答题

1. 简述市场失灵的含义及成因。

2. 公共物品与私人物品相比有什么特点？

3. 为什么像公路、桥梁及广播电视等不能称之为纯公共物品？

4. 造成垄断的原因是什么？

5. 外部影响的存在是如何干预市场对资源的配置的？

五、案例分析题

1. 分析下列政府干预经济的情况：空气污染管制；艾滋病疫苗研究；老年人收入补偿；地方水资源垄断价格管制；抑制通货膨胀的货币政策措施。在每一种情况下，政府发挥的是何种职能？

2. 当一种物品十分有限时，必须采取一定方法配给该稀缺品。例如，拍卖、票证配给以及“先来先得”制度。试说明每一种方法的利弊何在？仔细解释市场机制在何种意义上“配给”了稀缺物品和劳务。

3. 一个拥挤的十字路口，由于没有红绿灯的控制，每辆车都急于通过路口，从而导致路口变得更加拥挤，每辆车都无法通过。设置一个红绿灯的成本为 50 000 元，一年该路口通过 100 000辆汽车，每辆汽车由于能够顺利地通过路口而节约的成本为 10 元。由于节约的成本 1 000 000元大于 50 000 元，设置红绿灯是有效率的。

从公共物品的角度，谈一谈这一设想的可行性。

4. 假设在一条街道有 25 名住户，并且本街道即将进行卫生设施改造，改造的费用为2 500 元，因此分摊到每个住户的改造费用为 100 元。虽然设施的改造会使得所有住户都可以受益，但当费用是自愿支付时，肯定会有一部分的住户拒绝交纳。这部分住户盘算着其他住户会分担改造费用，而此种卫生设施肯定会投入使用。

想一想，这一问题的解决方法是什么？（提示：公共物品的提供）

5. 假定一个工厂周围有 5 户居民户，由于工厂的烟囱排放的烟尘使居民户晒在户外的衣物受到污染，从而导致每户损失 75 美元，5 户居民总共损失 375 美元。解决此问题的办法有三种：一是在工厂的烟囱上安装一个防尘罩，费用为 150 美元；二是每户有一台除尘机，除尘机价格为 50 元，总费用是 250 美元；第三种是每户居民户有 75 美元的损失补偿。补偿方是工厂或者是居民户自身。假定 5 户居民户之间，以及居民户与工厂之间达到某种约定的成本为零，即交易成本为零，在这种情况下：如果法律规定工厂享有排污权（这就是一种产权规定），那么，居民户会选择每户出资 30 美元去共同购买一个防尘罩安装在工厂的烟囱上，因为相对于每户拿出 50 元钱买除尘机，或者自认了 75 美元的损失来说，这是一种最经济的办法。如果法律规定居民户享有清洁权（这也是一种产权规定），那么，工厂也会选择出资 150 美元购买一个防尘罩安装在工厂的烟囱上，因为相对于出资 250 美元给每户居民户配备一个除尘机，或者拿出 375 美元给每户居民户赔偿 75 美元的损失，购买防尘罩也是最经济的办法。因此，在交易成本为零时，无论法律是规定工厂享有排污权，还是相反的规定即居民户享有清洁权，最后解决烟尘污染衣物导致375美元损失的成本都是最低的，即150美元，这样的解决办法效率最高。

谈一谈，从这个案例中得到什么体会。

【习题答案】

一、名词解释

1.垄断：有广义和狭义之分。狭义的垄断是指一个厂商控制一个行业或市场，厂商就是该行业本身；广义的垄断是指一个或几个厂商控制某个行业的全部或大部分供给的情况。

2.逆向选择：是指在买卖双方信息不对称的情况下，差的商品必将把好的商品驱逐出市场。

3.道德风险：是指从事经济活动的人在最大限度地增进自身效用的同时做出不利于他人的行动。

4.公共产品：是指由政府或公共部门提供的产品，它具有非排他性和非竞争性的特点。

5.外部性：如果某人或企业在从事经济活动时给其他个人带来危害或利益，而该个体又没有为这一后果支付赔偿或得到报酬，则这种危害或利益就被称为外部经济或外部性。

6.科斯定理：由罗纳德·科斯提出，他认为在某些条件下，经济的外部性或非效率可以通过当事人的谈判而得到纠正，从而达到社会效益最大化。只要财产权是明确的，并且交易成本为零或者很小，那么，无论在开始时将财产权赋予谁，市场均衡的最终结果都是有效率的，实现资源配置的帕雷托最优。

二、判断题

1～5 ×√×√√ 6～10 √×√√× 11～15 √√×√√ 16～20 √√√√√

三、单项选择题

1～5 ADDCD 6～10 DBBDD 11～15 BBADD 16～20 ACCDC

21～25 CBDBD 26～29 ABBB

四、简答题

1.市场失灵是指市场无法有效率地分配商品和劳务的情况。

市场失灵的原因：

(1)公共产品。经济社会生产的产品大致可以分为两类：一类是私人物品，另一类是公共物品。简单地讲，私人物品是只能供个人享用的物品，如食品、住宅、服装等。而公共物品是可供社会成员共同享用的物品。严格意义上的公共物品具有非竞争性和非排他性。非竞争性是指一个人对公共物品的享用并不影响另一个人的享用，非排他性是指对公共物品的享用无需付费，如国防就是公共物品。它带给人民安全，公民甲享用国家安全时一点都不会影响公民乙对国家安全的享用，并且人们也无需花钱就能享用这种安全。

(2)垄断。对市场某种程度的(如寡头)和完全的垄断不可能使得资源的配置缺乏效率。

对这种情况的纠正需要依靠政府的力量。政府主要通过对市场结构和企业组织结构的干预来提高企业的经济效率。这方面的干预属于政府的产业结构政策。

(3)外部影响。市场经济活动是以互惠的交易为基础,因此市场中人们的利益关系实质上是同金钱有联系的利益关系。例如,甲为乙提供了物品或服务,甲就有权向乙索取补偿。当人们从事这种需要支付或获取金钱的经济活动时,还可能对其他人产生一些其他的影响,这些影响对于他人可以是有益的,也可以是有害的。然而,无论有益还是有害,都不属于交易关系。这些处于交易关系之外的对他人的影响被称为外部影响,也被称为经济活动的外在性。例如,建在河边的工厂排出的废水污染了河流对他人造成损害。工厂排废水是为了生产产品赚钱,工厂同购买它的产品的顾客之间的关系是金钱交换关系,但工厂由此造成的对他人的损害却可能无需向他人支付任何赔偿费。这种影响就是工厂生产的外部影响。当这种影响对他人有害时,就称之为外部不经济。当这种影响对他人有益时就称之为外部经济。比如,摆在阳台上的鲜花可能给路过这里的人带来外部经济。

(4)非对称性信息。由于经济活动的参与人具有的信息是不同的,一些人可以利用信息优势进行欺诈,这会损害正当的交易。当人们对欺诈的担心严重影响交易活动时,市场的正常作用就会丧失,市场配置资源的功能也就失灵了。此时市场一般不能完全自行解决问题,为了保证市场的正常运转,政府需要制定一些法规来约束和制止欺诈行为。

2.公共物品是指公共使用或消费的物品。

公共物品是可以供社会成员共同享用的物品,公共物品具有非竞争性和非排他性,主要由政府来提供。

私人物品是具有竞争性和排他性的物品。因此,公共物品与私人物品相比具有非竞争性和非排他性的特点。

举例:马路上的路灯是公共物品,在你享受路灯带来方便的同时,别人同样可以,不会因为你而影响其他人。

3.在经济学中,一般根据排他性和竞争性对物品的类型进行区分。纯公共物品一般指同时具有消费上的非竞争性和非排他性的物品,具有非排他性但有竞争性的物品称为共有资源,而具有排他性和竞争性的物品则称为私人物品。

(1) 非竞争性是指一种商品在给定的生产水平下,向一个额外消费者提供该商品的边际成本为零。

(2)非排他性指无法将这种商品据为己有,而将其他人排除在消费之外,这意味着不能或很难对人们消费这种商品收费。

(3)根据排他性情况的不同,一些物品可以在成为公共物品与成为私人物品之间变换,在确定一种物品是不是公共物品时,必须确定受益者的人数,以及能否把这些受益者排除在享用这种物品之外。

纯公共物品的特征:

(1)非排他性指无法将这种商品据为己有,而将其他人排除在消费之外,这意味着不能或很难对人们消费这种商品收费。排他性不是物品的自然属性,而往往依赖于一个社会的法律架构和技术实现能力。

(2)非竞争性。非竞争性是指一种商品在给定的生产水平下,向一个额外消费者提供该商品的边际成本为零。这就意味着共享消费的可能性,即一个个体的消费不减少其他个体可获得的消费量。

4.造成垄断的原因如下:

(1)规模经济。如果对于一个市场的全部需求,只能容纳一个厂商获得,多一个厂商都会便利所有厂商亏损。

(2)对生产要素的垄断。一旦生产者控制了整个行业的产品原材料,而其他生产者无法获得这种原材料时,那么,该生产者就成为该行业的垄断者。

(3)法律保护。例如,专利保护。

(4)特许经营。政府在某个行业内授权某家厂商垄断经营某种产品被称为特许权。特许经营的例子很多,大到公用事业、邮政、广播媒体,甚至是奥运商品,小到区域性的垄断商品,如校园内等。

(5)网络经济。网络经济的方兴未艾使得网络经济成为垄断的另一个原因,这与规模经济比较相似,所不同的是网络经济是通过消费者的购买行为而作用于市场需求方面的,因为人的需求行为是相互影响的。

5.外部性的存在会造成的私人成本和社会成本,以及私人利益和社会利益的不一致,表现为:外部经济时,私人成本大于社会成本,私人利益小于社会利益;外部不经济时,私人成本小于社会成本,私人利益大于社会利益,这无疑导致资源的配置不当。在完全竞争条件下,如果某种产品的生产产生了外部经济,则其产量将可能小于社会最优的产量。如果某种产品的生产会产生外部不经济,则其产量将可能超过社会最优的产量。换言之,当存在外部经济效果时,完全竞争的市场不能保证个人追求自身利益最大化的行为,同时能够使社会福利趋于最大化。当存在外部经济效果时,完全竞争的市场不能保证个人追求自身利益最大化的行为,同时能够使社会福利趋于最大化。当存在外部不经济效果时,完全竞争的市场不能保证社会福利趋于最大化,而只保证个人追求自身利益最大化的行为。

市场机制在配置资源上的这一缺陷表明,需要由政府对市场机制加以干预,以弥补市场调节的缺陷。

五、案例分析题

1.空气质量管制属政府促进竞争、提高效率的职能,属外部性范畴。

艾滋病疫苗研究属政府促进竞争、提高效率的职能,属正外部性范畴。

老年人收入补偿属政府寻求公平职能,属通过税收和支出项目等手段,向某些团体进行有倾斜的收入再分配,增进平等。

地方水资源垄断价格管制是属政府促进竞争、提高效率职能，属抑制不完全竞争范畴。

抑制通货膨胀的货币政策措施属政府宏观调控，保持宏观经济的增长和稳定。

2.拍卖的好处在于利用货币选票，实现了该稀缺品的最大价值，并将其配给到最可能产生最大收益的领域。

拍卖的不利因素在于以货币选票多少作为决定权，缺少一定的公平性，比如，一项技术的拍卖，贫困地区和富裕地区竞争，一定是富裕地区取得，但也许贫困地区更需要这项技术。

票证配给制度的好处在于，可以在宏观层面控制稀缺品的流向，保证该稀缺品可以用要最需要它的地方。其缺点在于无法实现该稀缺品最大的货币价值。

“先来先得”制度的优点在于使稀缺品的利用效率最大化。其缺点在于既保证不了该稀缺品流向最需要它的地方，也不能保证可以实现货币价值最大化。

目前，政府对于稀缺品的配给都会根据其特点和用途，综合利用上述手段进行分配。

“市场机制”作为看不见的手，利用价格手段对稀缺品和劳务进行配给，该手段的意义在于，使稀缺品和劳务的自身价值得到最大体现。同时，伴随着稀缺品使用价值的不断扩大，较高的利润率促使其他竞争对手投资该领域或抢夺劳务，稀缺品和该项劳务市场供不应求，刺激更多人向稀缺品生产领域或专项劳务领域投资，当市场饱和时，利用效率淘汰效率低下的企业，使稀缺品和劳务利用率最大化。

3.公共物品的非排他性使得通过市场交换获得公共产品的利益这种机制失灵。对于红绿灯提供者而言，如果他不能够把那些不付钱而享受红绿灯的人排除在消费之外，否则他将无法弥补生产成本。而对于一个消费者而言，由于公共产品的非排他性，公共产品一旦生产出来，每一个消费者都可以不支付就获得消费的权力，每一个消费者都可以搭便车。消费者这种行为意味着生产公共产品的厂商很有可能得不到弥补生产成本的收益，长期来看，厂商不会继续提供这种物品，这会使得公共物品很难由市场提供。

4.解决方法是使得25名相互独立的住户作为一个整体支付这笔费用，即集体意志代表个人意志。在此情况下，住户可以通过投票决定是否进行设施改造。如果投票的结果认为应该进行改造，则所有住户都必须交纳费用。正是由于这个原因，一些公共服务，如国防、公共治安等，就必须由政府组织提供。

5.通过以上例子就说明，在交易成本为零时，无论产权如何规定，资源配置的效率总能达到最优。这就是“科斯定理”。

科斯定理是由罗纳德·科斯提出的一种观点，认为在某些条件下，经济的外部性或非效率可以通过当事人的谈判而得到纠正，从而达到社会效益最大化。也就是说，只要财产权是明确的，并且交易成本为零或者很小，那么，无论在开始时将财产权赋予谁，市场均衡的最终结果都是有效率的，实现资源配置的帕雷托最优。

参考文献

[1]高景海、佟明亮.微观经济学[M].哈尔滨:哈尔滨工业大学出版社,2010.
[2]尹伯成.西方经济学简明教程[M].上海:上海人民出版社,2006.
[3]曼昆.经济学原理[M].2版.北京:北京大学出版社,2001.
[4]黄亚钧.微观经济学[M].2版.北京:高等教育出版社,2000.
[5]尹伯成.现代西方经济学习题指南(微观经济学)[M].上海:复旦大学出版社,2006.
[6]蔡继明.微观经济学习题[M].北京:人民出版社,2002.
[7]张东辉.西方经济学习题集萃(微观分册)[M].上海:经济科学出版社,2003.